||| ||| | ||| || | || || ||| ||| | ||
U0046339

*Rich*致富*284*

追蹤籌碼找飆股
90％勝率的台股操盤工具！

卡方斯、牟宗堯◎著

高寶書版集團

推薦序㈠

善於規劃投資策略 預見財富增長

文／日盛投顧總經理　李秀利

　　自證交所於民國 51 年開業的一甲子歲月以來，就猶如燈塔一般，提供國內外資金找尋具有潛力的投資方向。在這一甲子歲月後的今天，臺灣證券交易市場的上市櫃公司規模日益增長外，也看到資本市場出現變化。

　　但與其說變化，就某種意義而言，不如說這是一種進化！

　　在投資的這條路，如果低估了市場的能耐，這恐怕會是自我毀滅的開始，因為有錢人獲取股市暴利的方式不停地在翻新，不論是一度紅透半邊天的借殼上市，或是可轉換公司債套利，還是現今最流行的程式高頻交易，都不停地在顛覆著你我的眼界，想想看 90 年代的萬點行情、2000 年的網路泡沫，每一次大漲中的市場狂熱以及隨後來令人難以承受的崩盤，多與空的決策背後，隱含錯綜複雜的因素難以用一兩句話言明。

　　坐而言不如起而行！

　　投入金融市場的日子裡，雖然所見所聞都是真實與虛幻並存，如同美國民權鬥士馬丁路德金恩的夢想說，我內心也總是擺著一個願望，希望讀者在投資世界的多空研判，能夠掌握到相對高的勝率，希望冷靜的投資者不再盲從、誤判，也希望有一天，貧富不均的社會能

夠透過證券市場得到救贖。

現在是一個非常重要的時刻！

　　為了要達到這樣的境界，投資者必須要在知識的擷取上保持進展，不進則退。而這也明確的展現在我還有我們工作同仁的工作態度之上，雖然難免有些繁雜之事拖延向前邁進的步伐，但絕不浪費任何時間，也希望大家都能像作者一樣保持對資本市場的狂熱。

利用作者經歷與智慧，縮短你的學習曲線。

　　《追蹤籌碼找飆股》一書中，宗堯分享了不少利用籌碼為主的操盤策略，藉由數據實證，提供給各位讀者另一個交易的蹊徑，大家可以從他鑽研的法人操作的成果當中，觸類旁通，或許能夠有更多更好的想法湧現，相信在看完本書，大家的操作功力將會向上躍進。

推薦序㈡
堅持對的道路，鍥而不捨的大步邁進

文／日盛期貨總經理　林明輝

　　股票市場就如同戰場，想要獲勝，除了要一點運氣之外，還需要平時努力的演習（做功課）。尤其是對戰場上其他對手情報（訊息）的掌握以及分析，更是致勝的關鍵之一。

　　本書就市場上四種主要的參與者：外資、投信、自營、大戶（大股東）手中的籌碼以及銀彈，提供分析上的方法及證據上之論述，甚具說服力。讀者可由其邏輯方法，運用至實務上的操作，應能有所心得。

　　宗堯在日盛期貨進行研究工作多年，在籌碼分析上投入不小的心力，除了分享交易經驗外，也提供具有數據的結論，並藉由各項範例以及圖表的解釋，以便利於讀者之閱讀，有心想要將自身投資技巧增進的投資人不容錯過。

　　在此也期待作者能夠在投資這條路上堅持對的道路，繼續研究並將成果分享給投資大眾，有利於資本市場的持續發展。

推薦序㈢
看不懂法人動向，別在台股瞎混吧！

文／《21K 進場，1 年賺進 100 萬》作者　金湯尼

　　台股的市場散戶參與程度是世界級的高，這年頭似乎不投資理財就永遠置身在「魯蛇圈」裡無法翻身，所以買股票變成是一種邁向財務自由之夢的全民活動。

　　但台股的操作難度也是世界級的高，淺碟型的市場裡，股價深受外資法人與主力大戶所控制，而國內主管機關的法規對於內線交易有許多灰色的空間存在，罰責比起國外也相對較輕，造成不肖的上市櫃公司印股票換鈔票，並且操控股價坑殺散戶，炒股的錢比起認真經營本業來的多又快。

　　然而，一般散戶愛好的傳統技術分析要討到便宜難度非常之高，你喜歡看線看量價，中小型股票主力直接做給你看，挖個坑讓你跳，再狠狠海削你一筆。

　　比較起國外的市場，臺灣的投資朋友是幸福的，因為不論是期現貨商品，盤後揭露的資訊是相對豐富且公開，要取得這些資料並不是難事，本書當中也有詳盡的教學給各位有心學習的讀者。然而，明明是同樣的公開資訊，為什麼有人能運用來增加獲利的勝率，有人卻還是輸多贏少呢？

　　事實上，琳瑯滿目的數據要有條理有方法的去分析，才能從混沌

不明的資料海當中，整理出一個清楚的脈絡，以了解市場的慣性與不同面向，進而達到獲利的目的，否則數據永遠只是死的數據，沒有辦法給你任何的幫助。籌碼分析除了基本的統計專業之外，還要對市場有一定程度的經驗與了解，才能找到對獲利有意義的「關鍵數據」。

　　我與卡方斯是從學生時代結識至今的拜把兄弟，其理工人精準明確的做事方式與研究態度，是我所深知且佩服的。同樣在金融市場上討生活，可以有截然不同的方式，我個人擅長的短線操作，注重部位進出的反應速度與面臨盤面的心理承受度，而卡方斯的籌碼分析，是盤後全面性的研究，搞懂法人動向後，再不疾不徐的站在最有利的角度出手，適合市場上大部分非全職操作的散戶朋友學習。在此推薦這本好書，要操作台股，先從搞懂法人動向學起！

推薦序㈣
從大數據的資訊洪流裡淘金

文／國票綜合證券公司董事長　洪三雄

　　一直以來，資本市場有一項不變的特性，就是各種影響因素隨時不斷在改變。因此，能在雜杳龐大的市場資訊洪流裡，不被混亂的雜訊所左右，不受貪、瞋、癡的心魔干擾，而理出應對裕如的道理者，往往就是一個優異的投資人。

　　無可諱言，當前市場投資人的煩惱已經不是欠缺資料，而是怎麼在鋪天蓋地的資訊中，能海底淘金般分辨出可適用者，進一步作成判斷與操作。

　　過去的年代資訊不足，我們只需對價量走勢去做技術分析，就可以提升判斷精準度。但身處這個大數據的時代，全世界的資料都在進行數位化且逐漸透明開放，包括籌碼、價量、分點、衍生性商品等。故而如果還只汲汲營營於價格漲跌的局限，而不去探究主流數據對於走勢的影響，恐將「身處寶山中，雲深不知處」。

　　資本市場原是由無數獨立的操作個體組成，唯有絕大部分參與者都往同一個方向推進時，才會形成股市的趨勢。那麼，這些個體中是不是有少部分的領頭羊總是走在大家的前面？如果是，我們自然可以藉由對於市場參與者的籌碼進出進行分析，進一步提煉出有價值的訊息。可惜的是，此一顯而易見的道理，一般投資人卻往往知易行難。

　　當然，數據分析這門學問較為深奧，非經有紀律、有系統的研析，並不容易掌握其中奧秘。本書作者卡方斯，將多年的研究心得整理、簡化，用最平易的分析敘述手法，帶領大家品嚐籌碼解析的甜果，尤其書中每個例子都有實際的數據佐證，深值參酌。讀者若能細體其中的分析邏輯，進一步看透價量背後推波助瀾的關鍵籌碼，相信必能大大提升投資策略的把握能力，進一步強化自己在市場上的優勢。

　　投資並不需要成為最厲害的那一個人，只要比大部分的人多那麼一點把握，就能在市場上擁有多一點獲利的空間。期待讀者們都能在本書的字裡行間有所斬獲。

推薦序(五)
探究「正常」與「異常」，追尋高勝算操作模式

文／中華財經台節目主持人　翁禾晴

蘇軾〈卜算子〉：「驚起卻回頭，有恨無人省。揀盡寒枝不肯棲，寂寞沙洲冷。」

這是我第一次與宗堯在節目中合作時，腦內第一句映射出來的詩篇，原因無他，因為對談時講述的重點，就可以感受到他的思考邏輯與現今投資市場有著明顯的不同，除了在解盤當中加入大量的數據來佐證之外，也著重在法人間的交互作用，雖然一時半刻間一般大眾體會甚淺，但是相信未來的日子裡，勢必會有激起投資界的主流焦點！

當然多數的投資大眾因本身職業或家庭的限制沒法長時間緊盯盤勢，因此看節目最期待的重點就是買什麼商品會賺，或是哪檔股票是下一支飆股。沒有太多的觀眾會有耐心去思考或是探究金融市場起伏的背後重點原因。不過長期下來，這樣追漲殺跌的消極操作模式很有可能會由投機變投資，短期變長期，甚至會蒙受一些虧損。

看到本書《追蹤籌碼找飆股》所載明的內容當中，主要是以籌碼分析為中心來探究市場「正常」還有「異常」的萬千現象。好比說，書中有提到千張大戶持股比例變化的案例，這個案例當中，某檔國內外研調機構大肆看好的股票，其千張大戶持股比率卻在同一時期逆勢下滑，這就是作者所再三強調的股市「異常」現象，藉由歷史當中類

似的「異常」來做分析，就可以發現到後續股價下跌的機會非常高，而實務上，此檔股票的後續走勢也如同驗證真理般，出現了大幅度的修正。

所以說，這本書所談論的重點，集中在基本功的修練，如果投資人能夠每天多花一點時間，來觀察還有紀錄市場上的變化，之後再藉由歷史經驗找出後續盤勢上漲與下跌的機率，誠可謂：「天道酬勤」，在各式資源、金錢、甚至是投資高度都處於劣勢的操作者，若能利用此書的投資方式以及理念，伴隨自身多一點點的努力來做彌補，相信下一個勝率極高的投資策略必會油然而生，後續只要順勢操作，一定可以強化自身的投資表現。

這本書淺顯易懂，專業而不艱澀，我在此誠摯推薦本書給大家，同時預祝《追蹤籌碼找飆股》一書能夠銷售長紅，旗開得勝！

前言 1
知敵知地知己，
實用的台股策略等著你！

文／卡方斯

回朔過去的歷史資料，整理出事件發生原因，以及影響股價的前因後果，是投資判斷上不可或缺的步驟。除了傳統的價量、基本分析之外，還有很多數據可以參考，也讓投資勝率更穩定。

最近十年來，台股市場的各項資訊愈來愈透明化，尤其是法人籌碼與股權結構等資料，影響股價甚鉅；如果不納入投資決策中，等於是入寶山而空手回。

由於資料龐大駁雜，常讓人不知從何分析起；但在熟悉之後，以此判讀股價走勢，進而找出投資良機，並不是太困難的事。本書將從「知敵、知地、知己」三方面，帶領讀者了解：如何透過市場參與者的動向，建立實用的台股策略。

投資前洞悉大戶想法，方能立於不敗之地

股票市場是零和的戰場，各方豪強與霸主，自你踏入股票市場開始，就一心要掠奪你的辛苦錢。若你能在投資前，洞悉重要大戶的想法，就能確保趨勢明顯時，自己站對邊，賺到主升段的利潤、多空激戰時，也能明哲保身，不被刷洗出場，甚至進一步吃吃豆腐賺點小錢。

台股市場上的籌碼資訊相當透明，不論是法人的買賣、大股東的進出、散戶的交易、甚至分點資料都是公開的，要取得相關資料並不難，真正的「眉角」在於：如何在龐大的數據中，找出可以判讀股價的依據。本書第 2 章會開始介紹法人的操作邏輯、主要持股、控盤族群，讓讀者了解如何從法人的動向中，找出值得投資的價格與標的。

但這樣的勝率尚不能滿足投資人，若能知道自己戰場的特性，就能提升投資品質。對於股票族而言，就是熟悉產業利多結構，以及與上下游的連動關係；以指數期貨或選擇權操作為主的玩家，可以了解台指數重要權值股的籌碼脈動，配合其變化，加強判別大盤的能力。

只要了解分析籌碼的動向，配合盤面的局勢，耐心等待、細心觀察，就可以找到許多高勝率的出手時機。本書第 3 章與第 4 章中，從過往的盤面、價量、產業新聞等不同角度，配合籌碼進行操作，其中有許多實戰心得，可以讓讀者一窺「解讀法人籌碼」的堂奧。

人貴自知，適合自己的才是好策略

知敵、知地之後，最重要的是「自知」，別人用起來能獲利的策略，自己用起來不一定合腳。好的策略必須完美執行，才會產生獲利，但完美執行牽涉到兩個部分：一是對自己貪嗔痴的控制力、二是操作模式是否符合投資人的心性。

以上牽涉到策略風險權衡與資金控管，了解自己的操作習性，制定合適的資金權衡與風險控管配套措施，找到正確時機再出手；不適合出手時，也能毅然放下，只賺該賺的錢，這些才是投資真正的難題。

最後一章的重點在於：正確描述投資策略，找出適合自己的操作

模式，以克服執行上的困難，並抓住每個符合風險規劃的時機。

　　希望藉由本書的分享，帶領讀者進入「任他盤勢千變萬化，我自俱足」的成熟境界。最後，感謝購買本書的讀者、高寶出版社，以及 i-Trade 愛交易策略討論的夥伴，有你們的支持，才有此書的誕生，你們正是本書最大的幕後功臣！

前言 2
懂得分享，投資就有出頭天！

文／牟宗堯

　　見到這本書出版，我內心非常興奮，因為我相信：對目前金融市場的不信任感，將在這本書當中得到救贖。

　　大學時代，我接觸了大量的經濟和投資學，當時我最崇拜的人，就是股神「巴菲特」。但真有人能靠巴菲特的價值投資賺到錢嗎？可以，只要你有無比的耐心，以及近乎無限制的資金。可惜沒有太多人具備這兩項條件，所以交易大師說的話，未必適合每一個人。

不是聽說盲從，就能在股市稱雄

　　研究所畢業後，我開始鑽研技術分析，書櫃裡的投資書多到滿出來。但在鑽研之後，抱著志忑的心情下單，卻常以輸錢不爽的心情告終。

　　苦於無人可以討教，只好打開電視，看看市場投顧老師的說法。當時的投顧節目還算有趣，有聊「八卦五行看台股、流年星座看走勢」的頻道、有帶著小木偶搭配腹語術的節目等等，我經常好奇地看他們葫蘆裡賣什麼藥。

　　但在指數出現幾次多空循環後，我發現他們的分析方式有時準、有時不準，準的時候就大肆宣揚，但搞不清楚自己哪部分的分析對了；不準的時候，就拿過去一個月、甚至半年前準的部分來誇口。看

穿這些節目的模式後，我開始覺得它們很無聊。

踏入金融業，在水深火熱中快速成長

　　進入金融業後，我的第一份工作是證券業的營業員，最辛苦的時候，每天都要到股票機門市前站崗寫問卷；到了除權息旺季，還要去台北車站人擠人領紀念品。雖然看起來像在做雜事，但從中學到的東西卻不少。

　　後來，我很幸運地接觸到一個交易團隊，利用一多一空的價差策略，賺進了大把鈔票。這樣的交易模式給了我很大的震撼，原來教科書並不如市場上說的這麼沒用，只是使用的人太多了。

　　之後轉做金融研究，讓我接觸到很多公司、法人、外資研究員和散戶。我發現：多數人都活在似是而非的世界裡，跟散戶一樣亂下單、亂分析、道聽塗說的法人一大堆；某些高高在上的外資、法人，操作模式跟散戶沒兩樣。

爭食大餅的人多，分享心得的人少

　　金融業看似光鮮亮麗，實際上卻是荊棘難行。其中最大的問題就是：金融資訊的傳遞太過封閉，市場上有能力、願意分享投資心得的人，更是如鳳毛麟角。

　　但投資人之所以不願分享，是因為台股規模太小，一個好策略若公開分享，會因使用人數太多而失準。如果投資人仍持續使用該策略，未能洞悉其變通邏輯，很可能造成極大的虧損。

　　此外，很多知名的投顧老師，會把交易當中最好用的元素藏起

來，或偷偷將策略包裝到交易軟體中販售。在沒有公布根本邏輯的情況下，投資大眾雖然有機會賺錢，卻無法精進自己的操作功力。

　　此時，想增加自己交易功力的讀者，不妨翻開本書一閱，不用買額外的軟體、不必聽投顧老師譁眾取寵的分析，本書的見解和建議，都是有數據、有根據的策略！

　　最後，要感謝高寶讓我有機會出版本書，相信本書有機會為貧乏的金融知識傳遞模式，注入一股新活力，力量或許不是最大，但至少能激起一陣漣漪。各位讀者也千萬不要低估自己，只要用心分析資訊、掌握勝率，相信利多的果實終有到來的一天！

目錄 | CONTENTS

第 1 章　我們正在一個巨人吃人的市場！

第 **5** 章　修道先修心，心態才是坎

第 **1** 章

我們正在一個巨人吃人的市場！

1-1 法人時代來了！

　　知己知彼、多算勝少算，若能清楚自己投資的股票都是誰在買、背後的目的又是什麼，必能大大增加投資的勝算。雖然不可能知道每個投資人的想法，但只要做好大股東、散戶、相關法人的進出影響分析，那麼雖不中亦不遠矣。以上，就是所謂的「籌碼分析」的投資精髓。

　　在本書後，也會分享許多業內實際分析應用的經驗。

什麼是「法人」？

　　大股東、散戶二詞大家都很熟悉，對「法人」一詞則較為模糊。「法人」是指：法律上具有人格的組織，和自然人一樣享有法律上的權利與義務，可發起或接受訴訟。法人能以政府、法定機構、公司、法團等形式出現，具有民事權利能力和民事行為能力，獨立享有民事權利和承擔民事義務；但自由刑責則不在此列，法人所接受的刑罰一般以罰款為限。

　　近年來隨著證交所與期交所陸續公開各種資料，觀察法人的籌碼不再那麼困難，不管是坊間的看盤軟體或公開網站，相關的資訊都可以一目了然。不過，**籌碼分析並不是「看到法人買就跟著買，看到法人賣就跟著賣」這麼簡單**，因為法人經常忽多忽空，期貨、股票都有不同的操作方向，若只根據法人買進就跟單，很可能成為市場上被出貨的最後一隻老鼠，落得多空兩頭空的下場。

　　並不是出現壓倒性的買進或賣出，盤勢就一定會往那個方向走，其中仍有很多分析的眉角。以戰爭打比方，若只根據雙方兵力就能立判勝敗，那麼三國時代的曹操就不會有赤壁之失，袁紹也不會有官渡之敗了。

　　這本書的目的，就是要帶領讀者了解各家法人的心態與內部決策，看清詭譎的股海戰局，藉以評估關鍵控盤者的多空部位，與勝利的法人方共享獲利的果實。

觀察法人，才能抓對市場風向

　　若要判斷台股局勢，並找出可以投資的切入點，就必須掌握法人之間的操作手法與輸贏關係，進一步判斷：勝者因何而勝；贏了之後有沒有持續加碼，形成穩健的底部，以便繼續追價？還是賺了就收手，等著散戶追高？而其中的出脫者，究竟是停損打道回府了；還是佯裝失利，藉以清洗籌碼浮額，等到股價殺低後，再回頭承接？

　　如果能深入了解這些法人背後的操作邏輯，找出每波漲跌中關鍵大戶的動向，就算無法把把致勝，但耐心等待有把握的局勢再出手，要在長期操作中累積資產絕非難事。本書將帶領讀者，學會分辨哪些是投資者主要可用的資訊、哪些又是輔助資訊、如何取得／分析／消化／利用這些資訊，進而揚威於投資市場。

　　要脫離單純只看價量的投資方式，而進入籌碼分析的領域，必須先了解市場上有哪些法人是重要的控盤者、哪些又是重要的反指標。

　　在比較盤勢方面，必須優先了解的是：哪些重要法人的進出，是投資人必須確實掌握的。我們認為，有三大分析法則，是判讀市場局

勢非常好用的工具：

法則 1 三大法人的融資融券持股結構分析

三大法人指的是：外資、投資信託、自營商。這三大法人經常挾帶龐大資金進出股市，只要是法人相中的標的，無不隨其資金動向而波動，好比外資就大約占了台股三成的交易量。

法則 2 大股東的持股結構分析

一般而言，我們不太容易明確分類大小股東，不過藉由股票股權分配比例、融資融券的狀況，仍然可以推估出大小股東的動向。以股權狀況來說，可以藉由大小金額流向的分析，來鑑別大小股東的動向，是極佳的長線投資依據。

法則 3 散戶的融資融券持股結構分析

若回到信用交易的籌碼結構來看，相較於融資融券的高利息，一般大戶會有更多低利的籌資管道，因此大戶比較不會使用融資融券。

詳細的鑑別手法，可以透過短中線股價與其信用交易額度變化的關係，分析出這支股票背後的融資，是否有關鍵大戶在發揮影響力，抑或只是散戶在追價。

對投資人來說，散戶的融資融券持股結構分析，是避免追高殺低極佳的輔助資訊，本書後文會有相關的介紹。

何謂「籌碼分析」？

有人說筆者是個迷信的人。的確如此，筆者剛踏進股市時，經常懷疑東、懷疑西：「是不是桌上的盆栽擺設方式不對，才搞得今天輸錢？」「今天賺錢會不會是因為襪子反穿？」。其實把操作的盈虧，歸咎於完全不相關的因素，甚至是個人磁場、運勢等，都是一種迷信。

不過，當時筆者還是股票市場的輸家。直到筆者開始「迷信」籌碼、數據的分析後，操作績效才開始出現明顯的改變！

所謂「籌碼分析」，就是「搞懂誰是關鍵控盤者」。操作任何一檔股票，筆者都會特別關注關鍵控盤者的進出數字，還有操作勝率百分比的變化。若數據並未出現明顯的變異，筆者就會完全相信：股價的趨勢不會出現過於偏激的改變。這就是為什麼筆者會稱此為「迷信」了。

市場走勢不是震盪格局，就是趨勢格局

在股市做出成績後，筆者最常被問的問題之一是：「你覺得股價會往上還是往下？」通常筆者都有個制式的答案：「往右。」這雖然是句玩笑話，但也要提示大家一個觀念：**投資商品走勢只有兩種，一種是震盪格局，一種是趨勢格局。**

股票價格的走勢，通常在壓力和支撐之間隨機晃動，原因在於多、空勢力之間的彼此試探；就像武俠片中，兩大高手準備出招之前的眼神交流，多、空動能總是在此時交換籌碼，但在主流買進或賣出勢力出現之前，股價多半呈膠著的震盪盤面。

根據筆者這幾年來的觀察發現：初學者容易在震盪盤勢中賺到

錢。因為在狹幅的格局中，有能力左右盤勢的操作者，抽手觀察後續盤勢時，市場就會開始瀰漫一股忐忑的氛圍，在沒有重大事件和財報空窗的情形下，價格走勢就成了進出場的唯一依據，在這樣的情況下，跟著殺進殺出往往較容易獲利。但當新手開始覺得操作簡單，賺錢成為家常便飯，信心逐漸膨脹時，正好為下一次的虧損做好了準備。

股市哲人說得好：「市場沒有不會破滅的泡沫。」股價在長期震盪後，多、空動能總是要分出勝負，市場消息增多、重點主導者介入、強勁的買進或賣出力道不斷湧現，趨勢也就隨之有了雛型。

投資人先前逐漸膨脹的信心，通常在此時被無情摧毀，因為他們不知道，重點投資人已經進場了。沒觀察到趨勢已然來臨，仍舊使用先前的震盪策略、忽多忽空的操作方式，造成單子抱不住，做多輸、做空也輸（多空雙巴）成為常態，待意識到趨勢發生時，手中資金早已損失泰半。

如果能掌握趨勢，操作績效必能有所突破，但若想駕馭趨勢，「觀察股價主導者」絕對是第一要務——這也就是籌碼分析的真精神。

本書除了會透過詳細圖解，一步一步解析籌碼分析的操作方式與有效策略，書末還附上相關網站網址，方便投資人查詢三大法人、大股東、散戶等的資料。

希望看完本書之後，能夠幫助讀者在台股操作上精益求精，有興趣進一步研究討論籌碼分析，或想了解更多實戰案例者，歡迎上i-Trade 愛交易，閱覽更多相關文章。

1-2 期現貨重點布局的台股王者：外資

　　俗話說，「沒操作過台股，也應該聽過鼎鼎大名的外資」。只要稍微注意一下投資相關的訊息，就不難看到各類與外資有關的新聞。**這幾年台股約有三成以上的成交量，都是由這些外資法人創造出來的，要研究籌碼與盤面的動向，首先就該從這個最大的參與者看起。**

外資掌握台股半邊天

　　前文說過，判讀市場動向最有效的三大工具，首推就是「三大法人融資融券持股結構分析」；而三大法人中，又以「外資」最重要。

　　所謂「外資」就是 QFII（Qualified Foreign Institutional Investors 的簡稱），也就是政府允許並核准的合格外國機構投資者，例如在 2008 年的金融海嘯中，股神巴菲特買進大量特別股的高盛、摩根大通、港商麥格理等，這幾家投資機構都屬於外資。

　　在台灣，外資必須要在中央銀行的監管下，透過監管的專門帳戶，才能投資本土證券市場。而其本金、資本利得、股息、利息等，若想要轉為外匯匯出台灣，也必須經中央銀行審核後才能放行。

　　外資最大的特性就是財力資源雄厚，資金部位龐大，一向是金融市場上的贏家。股市長期來看，必然是以大吃小，資金雄厚者勝；而以小吃大的投機玩家中，即使有偶一為之的天才或隨機致富者，往往也只是鳳毛麟角。外資雖有逆勢挫敗之時，仍經常是持久戰中的穩定贏家。

　　不僅如此，過去決定性的大波段戰役或高低點，也都是外資營造

出來的。**如果外資沒有進場，波段的高點往往到不了，外資因而成了一個極佳的觀察指標。**

如何區分真外資與假外資？

觀察外資籌碼時，有一點要多加注意：台灣整體外資應分為「真外資」與「假外資」兩大勢力。**所謂「真外資」就是真正的外境公司法人，「假外資」就是台灣大戶在國外設立公司，再帶回台股的操作資金。**

由於兩者都是來自境外的法人資金，所以並不好分辨，有時候買進的是炒作贏了就跑的假外資，有時候買進的卻是要抓長線經濟局勢的真外資；更多時候是兩者角力，短多獲利下車，而長多卻進場的情況也屢見不鮮。

若要區分這兩者，可以依據匯率走勢，找尋以美元計價的真外資，而非開曼群島避稅的人頭外資。另外一個重要的觀察指標則是：相關電子權值的動向。例如，市值將近 3.5 兆台幣的台積電，絕非一、兩家假外資透過人頭大戶就能輕易炒作的，在外資持股的 6 兆 7 千億台股中，台積電就占了將近 2.69 兆元，所以台積電多以真外資的持股為主。

投資人在操作個股時，特別是中小型股時，必須特別注意這些小細節，並搭配本書提供的方法來觀察法人，以免跟錯對象，被假外資牽著到處跑。

市場強者雖強，但限制也多

外資雖為資源極多的強者，但在市場受到的限制也不少，諸如：

1. 外資不能用來炒匯：由於台灣是外匯管制的國家，新台幣不開

放在流通市場上炒作，因此境外投資資金只能用於特定投資項目，不能拿來炒匯。

2. 外資機動性不足：由於外資法人資金過於龐大，相較於其他法人與散戶，機動性明顯不足。以台積電為例，台積電目前市值約 3.5 兆，而外資持股約有 7 成 7，相當於 2.69 兆元。若外資看空台積電，想要全數出清手中的投資部位，要花多久時間，才能將部位換成現金呢？

台股一天成交量約 800 到 900 億，而外資約有 2 兆的資金放在台積電上，即便每天成交量 900 億都是來自於台積電的賣壓，外資要全數出脫台積電，至少也需要 20 個工作天。屆時，台積電股價都不知道跌到哪裡去了，更可能在賣出 60 億時，台積電就跌停鎖死，想賣都賣不掉。這就是所謂的「機動性不足」。

真正的外資不會把主要目標放在短線上，所以只要觀察外資的長期走向，並在籌碼乾淨的商品上，判讀外資的動向，順勢上車買進或做空，就成了中長線非常有利的操作方式。

解讀外資動向，現期貨雙管齊下

想跟著外資的腳步操作，就得站在外資的角度去思考。從上例得知，外資如果要出脫股票或站在空方，由於實體的部位太大，往往難以輕易更動，因此高槓桿且流動性良好的指數期貨，就成了外資極佳的避險工具。

所以，**要正確解讀外資的動向，只看外資在集中市場買賣超絕對不夠，唯有同時觀察外資股票與期貨的投資部位，才能還原外資動向的全貌。**

外資買賣期貨的目的是：股市避險

操作個股或期指的投資人，往往只關注自己操作的商品動向，缺乏對盤勢的全面了解，這是很多投資者一直找不出外資操作邏輯的重要原因。那麼，外資對台股究竟有多大的影響力，讓人不得不時時緊盯著外資呢？從圖 1-2-1 台股大盤與外資進出場的連動性，可以看出端倪：

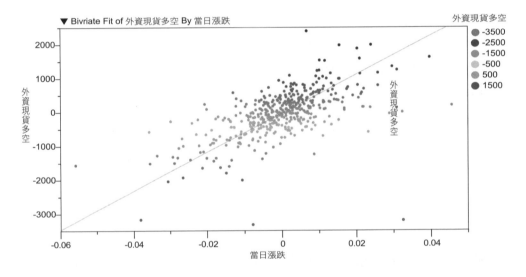

圖 1-2-1　大致上外資買就漲、賣就跌，控盤能力超強

圖 1-2-1 的橫軸是當天大盤的漲跌幅度，縱軸表示外資的買賣超強度。愈往右上方，表示外資買力愈強，愈往左下方，表示外資賣力愈強。只要外資買，大盤大致上會漲；外資賣，大盤大致上要跌，兩者呈明顯正相關的走勢；表示外資若真有某個趨勢在，盤面大概就會往那個方向前進。

除了外資在市場的買賣超，外資的期貨避險，也是重要的觀察項目。可將圖 1-2-1 的縱軸換成外資的期貨部位，看看外資期貨部位與大盤的連動性為何：（見圖 1-2-2）

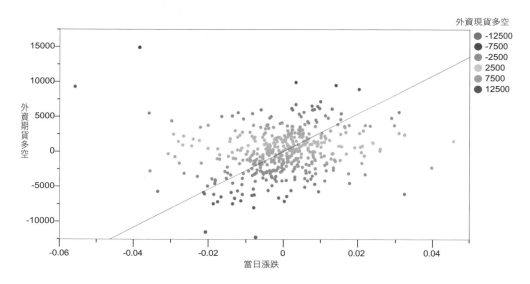

圖 1-2-2　外資與期貨市場的連動性，遠遜於對股票的影響力

以斜線為中心，愈往左上方，表示外資期貨買力愈強，愈往右下方，則表示賣力愈強，比對之下顯示：外資期貨部位的變動，與市場走勢的相關性，並沒有股票來得那麼強，有時候大買，大盤反而大跌。

　　一般外資賣期貨，是做為賣出股票的避險之用，所以外資在股市的買賣超，對於大盤的影響力，會遠勝於期貨方面的影響力。

　　若要更深入分析的話，可以分析外資股票買的類股內容，與期現貨相對避險的關係，找出更好的策略。這部分後文討論實戰時，會有深入的介紹。

台灣電子股的籌碼大戶，正是外資

　　驗證自己的想法很重要，一直以來，我們的認知都是：外資具有很大的盤面影響力。但如果不分析數據，找出合理的印證，很容易就道聽塗說。經常在操作一段時間後，會開始懷疑自己的交易方式，以致無法確實執行既定的策略。

　　以下案例是「外資控盤能力較為實在」的台達電，分析三大法人與大股東對台達電的影響，以找出關鍵的市場切入點，將籌碼變成可用的實戰知識。

籌碼愈乾淨，外資動向與股價連動性愈高

　　不同的股票有不同的籌碼結構，關鍵控盤者也有所不同；如果籌碼分析能找出「關鍵控盤者」，那麼要預測股價的價值與趨勢，就不再遙不可及了。

　　以外資全球布局的角度來說，想投資原物料，可以買俄羅斯股市；想投資內需消費，可以買美國股市。**而缺乏資源且內需市場不算大的台灣，對外資最大的投資誘因，就是電子權值股了。要研究外資的籌碼進出，以找尋投資標的，電子權值絕對是個下手的好方向。**

　　由圖 1-2-3 可以看出，在台股重量級權值股中，外資的持股比例都在 4 成到 7 成之間。從市場也可以發現，台灣重要的電子股，大半的籌碼都在這些「喊水會結凍」的外資手中。所以，「外資」是電子股最重要的籌碼大戶。

　　不過，只看外資持股比例就選股，可能會受到其他法人與公司派的影響，導致觀察不易。在此，先從簡單好預測的單一股票下手。

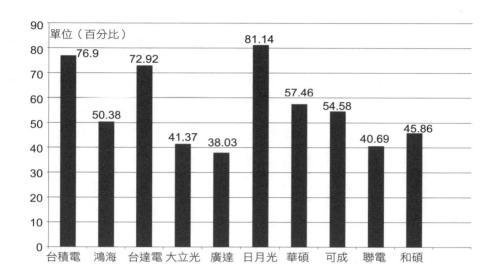

圖 1-2-3　各企業的電子權值外資持股比例

　　要找尋籌碼比較乾淨、外資動向與其股價連動性最高的股票，可以先掌握以下竅訣：

　　1. 流動性：由於外資資金比較大，動輒幾億的進出，所以選擇的股票，其成交量絕對要夠大，才能夠支撐外資的進出場與投資部位。

　　2. 專注本業：公司派若不炒股，專心經營本業的話，其股價的走勢必然會跟全球外銷市場有連動關係。去除了人為操縱的因素，只需要分析產業前景的話，這方面外資的研究團隊絕對是頂尖的。換句話說，專注本業的股票，也是外資重點投資標的。

外資不買，台達電就沒有上漲的理由

　　口說無憑，外資真的在專注本業的電子權值上有「喊水會結凍」

的能力嗎？以「不炒作」聞名的績優股台達電為例，比較三大法人持
股部位，對台達電股價的連動性，看看何謂台達電的「關鍵控盤者」。

　　圖 1-2-4 從左至右，依序為為台達電外資、投信、自營商的持股率
對股價的影響程度。圖的縱軸為台達電近三年的歷史股價（月線），橫
軸分別為當月法人持股率，斜線為相關性檢定，斜率愈接近 45 度，代
表兩者的相關性愈高，也就是股價被影響的程度愈高。

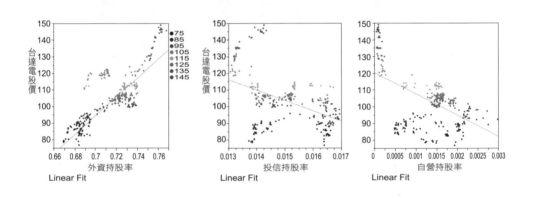

圖 1-2-4　近三年來，三大法人持股率對台達電股價的影響

　　相較自營、投信的持股比例，外資對於台達電更具備參考價值，
其股價走勢跟外資持股率呈現完美的正相關。基本上可以說，外資不
買，台達電幾乎沒有上漲的理由。如果兩年內跟著外資一路從 80 元的
價格買進，整體持股成本壓在 100 元左右，便能享受 4 成以上的獲利。

　　比起外資，自營商與投信對股價的影響程度，都是負相關。也
就是說，台達電股價一路攀升到 140 元期間，投信與自營的持股全都
「獲利了結，不斷賣出」，才會在股價高檔區間呈現低持股比例、在低

檔區間呈現高持股比例。

　　在整體上漲的過程中，投信、散戶、自營商的籌碼，全被外資囊括殆盡。了解了這個背後的原因，一路跟著外資站在同一方向的投資人，自然可以獲利。

　　再看圖 1-2-5 的日線走勢，自營商與外資進出與其股價走勢的對應狀況。由此可以看出，在台達電這支股票上，跟隨外資法人進出的合理性。

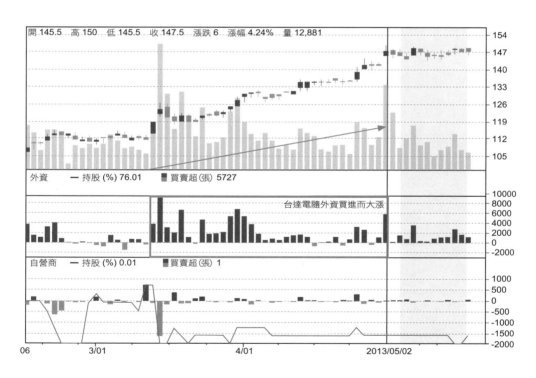

圖 1-2-5　自營商與外資在 2013 年 5 月 2 日的日線走勢

　　整個 2013 年上半年，台達電股價一路從 112 元漲到 147 元的走勢中，外資都站在買方一路加碼；而自營商不僅整體沒有什麼買氣，甚至在 3 月中突破 125 元時，出脫手中大量持股。即便從 120 元看到外資大舉進場時，開始進場買進台達電，短短兩個月就可賺到 27 元的價差，一張股票獲利 2 萬 7 千元，也是相當不錯的成績了！

1-3 打敗大盤的資金適當配置者：投資信託

　　一般常見的投資信託基金，就是籌碼上所謂的「投資投信」，包括證券投資信託公司、證券投資顧問公司等等。以下簡略說明：

　　1. **投信**：主要是募集眾人資金，由專業經理人做有效投資的專業機構；所募集的資金又稱為「共同基金」，是理財工具的一種。

　　2. **投顧**：接受投資人委託，針對證券投資事宜，提供建議與分析者。

投資信託基金的特性

　　投資信託法人的操作模式大致為：投資信託公司拿了投資人的錢之後，選擇標的方式、資產配置的模組、進出時間點的掌握，一概不讓投資人知道；而且經常以商業機密為由，將想了解的投資大眾拒於門外，大家只能從報章媒體、交易所揭露資訊、網路上的文章等，瞎子摸象地拼湊出整個故事。而某些難以接觸的獲利 know-how，也只能憑空想像了。

　　要觀察投信的籌碼，就要深入了解他們的特性，因為他們在交易市場上的優勢和限制，會造成不同的獲利模式。那麼，投資信託基金又有什麼特性呢？

　　之所以會有基金的出現，是因為散戶的資金規模不夠做資產配置，所以由投資信託公司募集散戶的資金，並聘請專門的操盤手，為這筆龐大的資金做資產配置。

以資產配置降低投資風險

　　資產配置是指：不要把資金全放在同一支股票上，以避免系統性風險。舉例來說，你看好台灣景氣，將資金全部買進台積電，沒想到台積電廠房失火，導致股價暴跌。雖然你看對了景氣，卻因無法預測的事件而虧損，這種事在股市操作上屢見不鮮。

　　為了避免發生這種情況，可以先做整個類股或市場的資產配置。例如，你知道晶圓代工產業持續成長，而買進相對比例的聯電、台積電與全球晶圓。如果台積電發生了負面事件，其市場份額會有一部分轉到聯電，而綜合持有這些股票的你，就不會因為突發狀況遭受損失，風險下降自然會有更高的收益。

　　假設一張台積電股票要 10 萬元，你只有 20 萬元的資金，那麼一張台積電就占你 5 成的投資。如果以台積電 60％、聯電 30％、世界先進 10％的持股比例來看，要單純利用這樣規模的資金進行以上資產配置的投資策略，大概僅能以零股為主要投資標的了。

發展出資產分配的工具——共同基金

　　為了讓手中的資金能與大盤一起成長，或跟著某些族群一起獲利，於是出現了「共同基金」，讓所有人的小錢集結變成大錢，再依比例分配。

　　因此，基金是為了讓投資人能規避單一風險、分散投資。不同的基金，其資產配置的手法、產生的績效也不同，投資人則根據這些績效，選擇自己想要的基金。但本質上，共同基金仍是一種輔助資產分配的工具。

此外，為了避免基金淪為集資炒股的工具，基金在成立時，必須向主管機關申報投資標的的類型，基金經理人必須在投資標的中持股超過一定比例，而單一股票的投資比例也不得超過 5％，以免淪為某些公司的打手。

正因這樣的規定，基金經理人即使預知了後市看空，也不能出脫全部持股，甚至轉而放空；最多只能在持股比例的下限中，將其轉為較為抗跌的股票。同樣的，如果基金經理人特別看好某個族群，也無法將所有資金投入單一個股，享受全部的獲利。

投信一般比較不具控盤能力

由於投資門檻低、銷售抽佣較高，基金一直是理專很喜歡推銷的商品，銷售對象以「資金不足」的散戶為主，雖然有專業的操盤手加上龐大的資金，但真正發號施令的還是散戶，所以共同基金一般會遇到以下難題：

1. 利益不一致：投信公司不一定要靠「幫投資人賺錢」來獲利，它還可以賺取帳戶管理費，無論基金本身有沒有賺到錢，只要基金規模愈大，投信公司就賺得愈多。所以投信公司的廣告行銷，經常做得比操盤還認真。

基金規模愈大，其單一個股持股的 5％ 限制就愈「好用」。譬如100 億規模的資金，容許 5％ 買單一個股的資金就有 5 億，用來壟斷一般中小型個股的籌碼也夠了。幾年前發生的四大基金貪污案，就是投信公司沒有拿投資人的錢購買有效益的股票，而是用來炒股，將錢洗入了自己的口袋。

2. **散戶不專業的買進／贖回**：就算基金操盤手很有職業道德，一心要把基金做到最佳績效，但投信仍有持股比例的限制，只要散戶大量贖回或買進，這些經理人也只能隨波逐流。

舉例來說，假設基金經理人 A 管理一檔基金，一年後獲利 30％，且認為這檔股票至少還會漲兩個月，願意花更多心力，讓基金繼續成長。但出錢的投資人卻認為獲利 30％已達到目標，而紛紛贖回。投資公司也只能出脫持股，以因應贖回潮了。

專業的操盤手雖然握有資金，但最後買進賣出權仍屬於大多不懂股票的散戶，此時操盤手就無用武之地了。所以，基金的目標往往是與大盤做比較，而非與績效做比較。

掌握投信的認養股，還是有很多套利機會

以台灣市場現況來說，投信公司認為：能將基金淨額維持在月獲利率正負 5％的基金經理人，才能為公司帶來長期穩定的效益。但若一經理人大賺 50％～ 60％，在公司眼中可能不算是好的基金經理人，為什麼？**因為基金公司賺的不是投資股票的獲利，而是管理投資者資金的管理費。**

例如 2010 年中，市場統計大陸 60 家基金公司旗下 665 支基金的表現，整體虧損達到 4452.53 億元；與 2009 年相比，合計虧損 3827.54 億元，獲利年增率大幅縮水 159.31 ％；但收取的管理費卻上升至 153.89 億元，比去年同期增加了 18.52％。

基金大虧，投資人會忍痛贖回；基金大賺，投資人會獲利了結。但投信公司主要的收入來自管理費，所以，維持獲利表現在正負 5％，

既可以讓投資人有繼續賺錢的意願，也可以讓投資人拗單不贖回，這才是真正幫助公司賺錢的好基金經理人！

基於上述因素，**投信雖有龐大資金，但由於操盤手發揮空間較小，所以投信對大盤權值類股的影響力，不太有參考價值。**

不過，若某檔基金規模高達 10 億，即便只能拿出 5 千萬投資，在某些外資不看好的中小型股票中，仍有極大的控盤能力；在幾檔國內傳產類股中，投信的進出對股價走勢仍有正面的影響。因此，只要看懂這些投信的認養股，自然有很多套利的機會。

投信重點速記

投信並非以「績效」為唯一目標，相較於外資，投信的籌碼面比較不具參考價值，空有龐大的資金卻無用武之地。投信營運的基本概念是：打敗大盤，**但真正決定基金資金流動的是散戶，因此某些時候甚至成了反指標。**但只要投信規模夠大，可以控制中小型股股價，以配合做帳與淨值控制，對於個股的投資人來說，仍是可以參考的標的。

1-4 籌碼分析就是：搞懂股票關鍵控盤者

筆者在投資分享課程中，常問學員同一個問題：「你們相信基本面分析能在市場上成功嗎？」大部分的投資朋友都不相信，反而認為在 K 線圖上東畫西描，就能洞悉市場未來的走勢。

但他們忽略了一個重點：技術面上的線圖和指標，都是由過去的資料整理而來的。以歷史的開、高、低、收，就想預測未來指數的變化，實在不合邏輯。

「人多的地方不要去！」

在傳統的台灣社會裡，「特立獨行」是一種罪過，凡有不一樣的裝扮、語調或想法，都會引人側目。只要有人敢挑戰主流意識，或在課堂上答出非正統的答案，輕則遭人訕笑，重則被群體霸凌，因而養成很多人盲目從眾。

目前無論是媒體看到的、身邊朋友分享的、上投資課程聽到的，大多以技術分析為主，總經以及籌碼面為輔，使得許多投資人選擇「技術面」為分析商品的主要參考。

但股票市場正好相反，「與眾不同」才有生存的空間，20％不看技術面的操作者，賺走了 80％看技術面操作者的錢，唯有堅持做自己，才可能進化為市場的強者。股市俗諺：「人多的地方不要去！」就是在闡述這個道理。

可是不看技術面，怎麼下單操盤呢？其實許多人忽略的「總體經

濟分析」，不僅有機會在台股賺到錢，甚至能成為重點指標，清楚指出多、空盤面的更迭。

　　但要做好總經分析，門檻相對較高，不僅接收資訊的速度要快，還要有過濾雜訊、資訊處理和連結的能力，而大部分基金經理人對市場脈動相當敏感，因此投信主力的進出，通常都有精闢的總經意涵。以下就以「建大」為例，闡述如何結合籌碼分析與總經面分析。

結合投信籌碼和產業季節，你就抓得住建大！

　　建大的重點業務在輪胎產業，而輪胎銷售狀況也是一種經濟領先指標，景氣好轉，民眾手中可用資金一多，就會購買奢侈品，所以只要汽車銷售量趨強，輪胎的需求也就水漲船高。

　　此外，輪胎產業的季節性變化也很明顯，歐美家庭在夏天出遊季開始前，都會添購新輪胎，以替換舊胎；冬天來臨前，也會換上新的雪胎，以免在結冰的路面上打滑。因此投信和外資法人，通常會在這些季節前，加重建大的籌碼布局，以掌握下一波向上的趨勢。

　　此時，觀察法人持股增減與股價漲跌的連動性，可以判斷出誰是關鍵交易者。從圖 1-4-1 可以看出「投信買超，股價就上揚；投信賣超，股價就下跌」的慣性：

　　顯然股價漲跌與投信持股有關，所以要操作建大，只要觀察投信的進出，就有獲利機會，遠勝於觀察外資和自營商的操作模式。

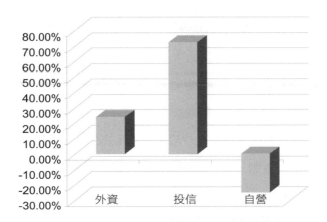

圖 1-4-1　投信持股比例與當月股價漲幅分配情況

　　從圖 1-4-2 的建大股價線圖可以發現：2008 年的春天，建大盤勢為 25 元到 29 元之間的狹幅震盪走勢。由於輪胎業的夏天旺季已到，因此投信法人在 2008 年 3 月初開始連續買進，建大因而擺脫狹幅震盪走勢，開始緩步墊高。

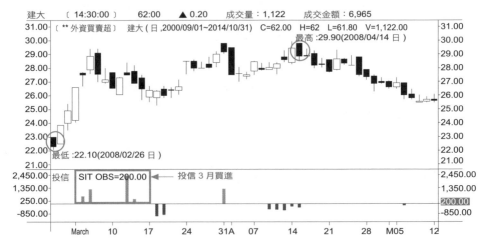

圖 1-4-2　建大在 2008 年 3 月到 4 月的技術圖形

籌碼分析讓你走在市場前面

股市多頭格局的基本原則就是：主力法人大幅買進，帶動盤勢突破震盪區間，大多數投資人進場投資，股價才能持續向上走強。

以建大 2008 年 3 月的範例來看，股價雖然緩步墊高，但是重點法人投信卻沒有大幅加碼；甚至在 2008 年 4 月，建大股價挑戰 30 元大關時，法人出脫手中持股，無疑是盤勢即將轉折的重要訊號。（見圖 1-4-3）

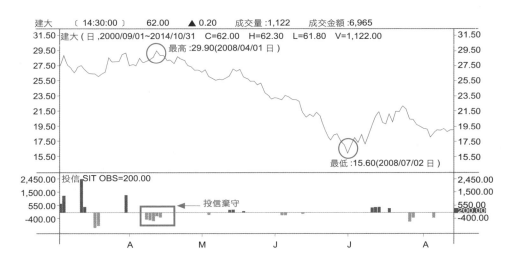

圖 1-4-3　投信法人棄守後，建大進入空方趨勢

籌碼為王，提防新聞誤導操作方向

在投信法人操作之中，新聞媒體的配合也很重要，雖然不能斷定投信是否會利用媒體放消息以獲利，但有不少例子是：媒體大舉散播利多消息，市場樂觀氣氛大盛，股價卻不一定隨之上揚。主力籌碼和

新聞媒體之間，通常有一種微妙的恐怖平衡。

例如 2013 年 6 月底有一篇報導指出：建大董事長認為原物料價格下跌，公司海外事業體營收表現亮眼，於是在投資大眾面前，表達出非常樂觀的態度。這種出自於內部人的樂觀言論，能否讓投資人進場買進呢？

從 28 日的盤面來看，投信法人似乎不認同建大董座的展望，反而趁開高之時，繼續賣出手中持股。主要控盤法人明明一直出脫持股，股價卻持續走強，甚至創高，那不是很奇怪嗎？（見圖 1-4-4）

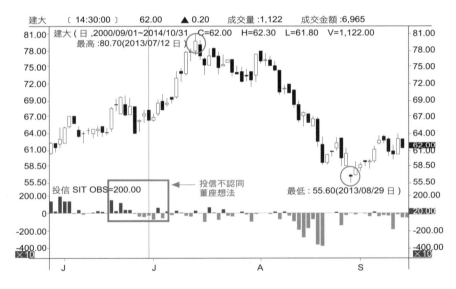

圖 1-4-4　在建大董座放話後，投信還是持續賣超

因此，筆者可以大膽假設：主力控盤者是逢高趨勢獲利了結，盤勢已進入末升段，一旦推升力道下滑，甚至主力法人加速出脫手中持股，那麼強勢股價可能會快速向下修正。

技術分析在末升降階段，特別容易踩到地雷！

　　籌碼面分析與技術面分析最大的差異在於：籌碼面分析有較為固定的邏輯，可以辨別法人什麼時候買得多、賣得多，也能敏銳察覺盤勢何時會改變；但技術面分析卻得等到穿頭破底，甚至確認信號出現時，才開始調整手中的多空部位。

　　股價的後續走勢，可以在法人賣超時，進場布局空單。若以技術分析來看，可能在盤勢修正反彈時，誤判空方趨勢即將結束，並認為股價被低估，而增加手中多方部位；最後盤勢再度回到空方，原先加碼的多方部位則慘遭套牢。（見圖 1-4-5）

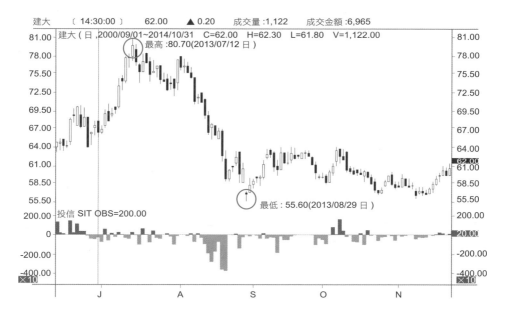

圖 1-4-5　投信法人一路賣超，盤勢再度回到空方

在 2013 年初，建大走了將近 8 個月的多頭走勢，因此 2013 年 7 月 31 日，建大股價的一根反彈長紅 K 棒，讓許多市場分析者認為：多方走勢將要再啟。結果代表散戶的融資餘額，隨後自低點增加了近 8,000 張，額度超過 90 ％。沒想到 2013 年 8 月，投信持續大量的賣超，造成了建大後續 3 個月的弱勢震盪盤面，結果這 8,000 張融資買單全被套牢。

因此，找出股價背後控盤者非常重要，若能分析主力操作者的習性與特性，就能有效判斷股價趨勢。操作中小型投信把持的傳產類股時，應多注意基本面，搭配主力法人籌碼變化，便可趨吉避凶，掙得實質的獲利。

1-5 操作台郡最重要的指標：投信進出

　　目前台股基金大約分為：科技類股基金、中小型企業基金、價值投資型基金、一般股票型基金、中概股基金、指數型基金等，風險屬性各不相同。為了精心操作資金，投信業對基金經理人學經歷的要求，遠高於銀行、證券、期貨等金融業。

跟著投信進出，妥當嗎？

　　華爾街每年都有一個「猴子射飛鏢選股活動」，主辦單位將猴子射飛鏢所擊中的股票，組成一個投資組合，然後以此組合的績效，比較市面上的基金績效。多年來，猴子投資組合的績效，一直優於市面上的投資基金。

　　另外一則趣聞則是：某知名基金團隊的績效不太好，結果老闆拔擢一位年輕的女接線生進操盤團隊。在眾多質疑聲中，這位接線生的表現超乎想像，略勝其他經驗豐富的專業基金經理人。

市場中不乏用心的基金操盤手

　　以上故事都有一個相同的元素：門外漢的操作表現優於專業投資經理人。難怪許多剛入門的投資人，會懷疑這些投信金童的操作模式。然而故事終究是故事，目前有很多基金操盤手，浸淫股市已久，追求的不再是固定的保管費收入，而是績效報酬和名聲，對風險的控管也有深入的研究。

　　無論是制式操作法則或坊間主力的奇門遁甲，這些基金經理人都有相當程度的涉獵。加上投信公司提供的資源及訊息，使他們在選市、選股時，比一般投資人有優勢多了。

　　有一次，筆者電訪某大投信基金經理人：「美國聯準會（Fed）即將逐步縮減寬鬆貨幣政策（QE3），未來美股和台股該如何操作？」該經理人回說：「美國人想賺錢嗎？比你還要想！QE縮減的衝擊是什麼？Nothing！未來市場只會更貪婪、更瘋狂，派對還沒結束，甚至只是另一個泡沫的開始而已。」

　　事實證明，美國聯準會在2013年底宣布將縮減購債規模後，2014上半年，美股的道瓊以及S＆P500持續創下歷史新高。由於這次始料未及的優異表現，台股也收復了9,000點的關卡，市場氣氛達到沸點。

　　筆者非常佩服這些對市場人性和金錢脈動敏感、掌握許多領先消息的經理人，他們是從事金融研究者應該學習的目標。

投信操作有其先天的優勢與限制

　　投信法人和外資法人操作方式，存在以下根本的差異：

　　1. **選股方向不同**：投信熱愛成長型產業的中小型類股。只要題材對了，未來股價成長的爆發力驚人，例如有博奕色彩的伍豐、第三方支付、3D列印小型類股，都可能成為投信的重點類股。

　　2. **投信受季底和年底績效排名影響**：投信基金經理人的生涯，跟績效評比有很大的關係，因此每季、每年底的結帳期，投信大幅持股的股票，容易有較大幅度的波動。

　　假設某兩檔基金的表現相去不遠，正在做二、三名排名之爭，此

時第三名基金可能會觀察第二名基金的持股狀況，並在做帳期大舉賣出，試圖超車提升到第二名。

跟著投信操作台郡，投資獲利超過 200%

投信的觀盤能力有多優異，台郡的操作就是最佳證明。台郡是國內第二大軟板廠，生產與銷售各式軟性印刷電路板。印刷電路板是個高度破壞環境的產業，因此台郡股價常受環保消息的影響而上下震盪，對一般投資人來說，台郡是比較難操作的個股。但筆者的想法正好相反，因為投信對台郡的持股進出，就是一個極佳的操作指標。

從表 1-5-1 可看出：2014 年年初，台郡的重點大戶以董監、外資、投信持股為大宗，持股比例都在 7.5％以上；除了大戶之外，融資餘額的占比也有 16.1％，所以台郡股票有四股勢力在拔河。

表 1-5-1　台郡 2014 年年初股權分布狀態表

董監持股	15,247	7,58%
外資持股	17,474	8.69%
投信持股	15,780	7.84%
自營商持股	2,717	1.35%
法人合計	35,971	17.88%
集保庫存	201,348	100.04%
融資餘額	32,394	16.10%
融券餘額	742	0.37%
六日均量	3,098	1.54%

但在籌碼面及數據化的分析後，哪個大戶進出帶動了股價表現，也會無所遁形。確定股票進出場時機後，便能順利賺到錢，擺脫追漲追跌的命運。

面對複雜持股組合，可採「消去法」去蕪存菁

在台郡持股比例中，融資餘額達到 16% 以上，外資、投信和董監持股比例，分別是 8.69%、7.84% 還有 7.58%，在四個重點大戶的交互作用下，可能會出現：外資做多、其他三個交易人做空；或董監、投信做多，外資、融資做空的情況。

以排列組合來看，四組多空因素，會產生 8 種可能，若加入持股的變化，可能會出現 16 種以上的排列組合，加上其他市場因素，無不加深分析的難度。如果不用消去法，省略不重要的參與者，就算想破了頭，也無法參透盤面的玄機。

為了讓分析更有效率，可以先省略董監事進出的因素。因為台灣法令對市場大戶有不少限制，董監事買進或賣出持股，必須經過申報等公開過程，稍有風吹草動，很容易引起媒體或金管會的注意，因此董監事的持股轉讓，通常比較保守，進出頻率不會太高。除非進出的部位過於龐大，否則可以忽略。

排除掉董監事之後，就剩外資、投信、融資三強鼎立，可以利用參與者持股進出與股價的歷史動向，試試能否找出駕馭盤勢的王者。

接著利用現有券商的下單軟體，點選出外資、投信、融資的進出表現，如圖 1-5-1：

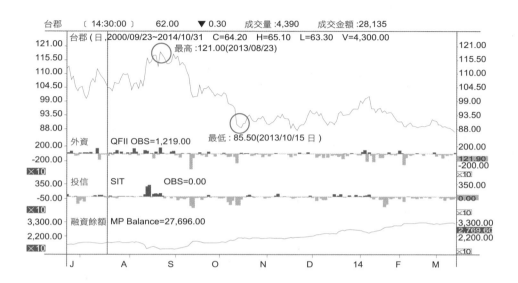

圖 1-5-1　外資、投信、融資的進出情形

　　先簡單用「看」的，抓出過往股價的漲跌趨勢，是否和哪個大戶的連續買進、賣出有關，再分析那個大戶的持股動態，是否和台郡股價走勢較為吻合。

以投信進出為操作指標，勝率高達 61%

　　股市有句經典名言：「遵從固執投資人的想法。」從 2013 年 5 月以來，在台郡這檔股票中，外資不算是最固執的投資人，經常一天買、一天賣，買超、賣超參差不齊。雖然外資手中持股張數不少，但用來判斷整體持股漲跌，不是那麼精準，因而略輸投信一籌。

　　融資雖然持股比率最高，但從之前的圖 1-5-2 來看，融資的表現簡直就是反指標：台郡股價持續修正，融資餘額就一路往上增加，若順

著融資餘額操作，績效只怕會愈來愈差。

　　而投信在大波段前，似乎都有重點布局，而且比外資的操作更明確，很適合做為股價漲跌的觀察重點。

　　從圖 1-5-2 可以發現：投信持股與股價漲跌的相關程度最高，達到 60％以上；外資不到 50％，融資只有－60％，因此，只要利用歷史資料，來觀察是否要跟著投信操作，就能獲得到超額的利潤。

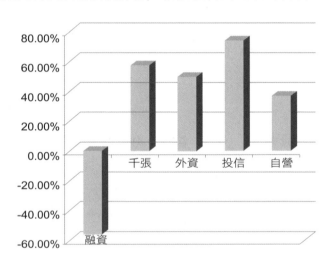

圖 1-5-2　台郡各參與者持股與股價漲跌的相關性

　　根據過去十年的歷史資料，先設定一個簡單的邏輯，做為台郡進場的依據：

1. 投信當日買超張數超過最近平均買超張數時，可做多。

2. 投信當日賣超張數超過最近平均賣超張數時，可做空。

　　根據回測結果圖 1-5-3 顯示，以投信的進出為操作台郡的原則，勝率甚至超過 61％，整體績效更將近 200％，獲利幅度遠大於虧損幅度。

	全體	買進	賣出	
純益	153.90	101.35	52.55	
未結算收益／損失	-17.70	-17.70	0.00	
總收益	224.45	123.15	101.30	
總損失	-70.55	-21.80	-48.75	
交易回數	31	15	16	勝率超過
升率（%）	61.29	73.33	50.00	60%
收益交易回數	19	11	8	
損失交易回數	12	4	8	
最大收益	29.00	28.00	29.00	
最大損失	-15.00	-9.50	-15.00	
平均收益	11.81	11.20	12.66	
平均損失	-5.88	-5.45	-6.09	
平均收益比率（倍）	2.01	2.05	2.08	
平均各買賣損益	4.96	6.76	3.28	
最大連續收益買賣數	4	8	2	
最大連續損失買賣數	2	2	2	
平均收益 Bar 數	118	68	185	
平均損失 Bar 數	42	25	50	
最大評價損失幅	-35.00	-25.40	-36.25	
賠償比率	3.18	5.65	2.08	
最大未結算數	1	1	1	
最小必要成本	1,035.00	1,025.40	1,036.25	
最小必要成本漲跌純益	14.87	9.88		

圖 1-5-3 以投信持股進出為操作指標，勝率超過 6 成、獲利超過 200%

從圖 1-5-4 可以看出：整體操作績效穩定向上，帳戶淨值在這 10 年之間穩定攀升。因此，以投信的持股進出為操作台郡的指標，定能讓投資人的操作技巧日益精進！

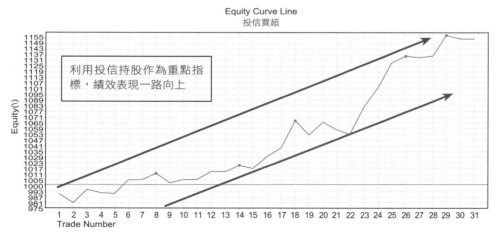

圖 1-5-4 以投信持股為指標操作台郡，績效表現一路向上

1-6 以選擇權操作為主的市場造勢者：自營商

還有一個台股常見的重要操作人，那就是自營商，也就是：自己開公司，請操盤手操作自家資金的公司。而市場上所統稱的自營商，通常隸屬於證券商以及期貨商，其中證券商主要的三個部門如下：

1. 證券自營商：自行買賣上市上櫃公司股票及政府債券為主，需自負盈虧風險，並不接受客戶委託業務。

2. 證券承銷商：協助公司上市上櫃的各項輔導，以及公司公開發行或增資時，代銷或包銷上市股票。

3. 證券經紀商：就是俗稱的「號子」，以接受客戶委託買賣有價證券為主要業務，但不得自行買賣股票。

自營商獲利法門：攻守靈活並遵照嚴格紀律

自營商就是在投資人下單背後，默默觀察市場動向的證券公司操盤手。他們的資金不像外資、投信那麼龐大，但消息卻非常靈通，對於盤面的走勢、背後的籌碼流向都非常敏感，其部位機動性也沒有太多法規限制，操作十分有彈性。

自營商在操作臺股上，除了接收到的少部分資訊較為領先以及特別外，講實在話，影響指數漲跌的能力其實僅略好於市場一般投資人，但是從一個菜鳥自營商訓練制度來看，就可以知道他們對於心性的訓練是非常重要的。除了規律的生活外，規律的飲食還有規律的思考方式，都是創造一個成功的自營交易者最簡短，同樣也是最困難的

一條路。

筆者甚至有耳聞某些券商會將在自家下單的證券戶，依據帳戶金額分類追蹤，並統計相關資訊，以利背後自營部的操作，配合其靈活的部位調控。

由於自營商的操盤手有嚴格的風險控管，以避免公司資金持續虧損，所以停損的幅度都很小，不利於長波段的操作。所以自營商比較偏向短進短出，善於操作區域戰，進攻時往往見好就收，比其他兩大法人更有操作邏輯，有危險時也閃得比誰都快。

自營商持有部位進行防守或避險減碼時，都有不錯的參考價值，但若在自營商進攻的方向有賺時跟單，很容易被當成出貨的肥羊；一般投資人進場時，往往就是自營商停利的時候。

在沒有外資把持的小型題材股票中，自營商有時可以充分掌握自己手上的大戶訊息，甚至大戶的公司主力帳戶，根本就是設在自營商裡。

如果自營商發現客戶的帳戶中，有大戶企業高層的親戚大舉買進大戶子公司的股票，他們會不會隨之買進？這個資訊優勢不容忽視，也是自營商可能採取的動作。所以在小型籌碼集中的中小型飆股中，自營的部位極具關鍵影響力。

在短線操作上比較有參考價值

自營商一般在長線上雖不具戰場主流地位，但如果外資、投信兩方沒有動靜時，自營商偶爾也會出奇不意地大撈一筆。

幾年前，金融備忘錄（MOU）放寬登陸條件的新聞發布時，台指期在開盤短短 15 分鐘內，急漲 400 點拉到漲停，在大盤開盤後又回殺 200 點，當天整整來回將近 10％的震幅，就是自營商一次完美的短線控盤。不過這只能當短線操作參考，而且要小心自營連續買進後的獲利出清賣壓。

指數期貨的操作人在自身籌碼不足的狀況下，善用財務槓桿的自營商，其衍伸性金融商品的部位對盤勢判斷，有時會比其股票籌碼來得有參考價值。

以上言論雖有假設成分，但從自營商操作現股的模式來看，第一天大買，隔天大賣，一般投資人要跟隨自營商的操作模式來獲利，難度相當高。另一方面，能力差一點的自營交易員，很快就會被淘汰，若沒有穩贏的把握，常常會隨波逐流，成為追高殺低的弱勢一方。

但不可否認的，自營商在期貨選擇權的造市上，有很高的造詣，利用自營商在選擇權市場的留倉部位，觀察加權股價指數的趨勢變動，領先指標性質就很高了。

自營商重點速記

以短進短出為主，停損停利都非常迅速，在波動較大的小型題材飆股、權證上，要密切注意這些資訊優勢人的動向。

從鴻海股票看自營商操作權值股

　　自營商的現貨操作模式，真的很難掌控。以鴻海為例，2014 年 1 月 10 日，鴻海公布 2013 年 12 月的營收為新台幣 4,909.3 億元，比去年同期成長了 18.8 億元，整年度營收從 2012 年的 3 兆 9,053 億元，增加了 1.25％，成為 3 兆 9,541 億元。消息一出，讓鴻海從低檔的 79 元，一路上揚到 85.9 元，短短 9 個交易日內大漲了 8.7％。

　　自營商在操作現貨時，通常都很神經質，雜訊也很多。如果你看到 1 月 9 日自營商大買 4,490 張後，隔天開盤你買在 81 元，接下來 1 月 10 日、1 月 13 日盤後數據，自營商一共大賣了 6,900 張，就賣在 1 月 14 日開盤的 81.8 元，結果你只賺了 0.8 元，根本沒有享受到 8.7％ 的獲利；若你跟單反手賣出，甚至有被軋翻天的危險。

　　2014 年的農曆年過完之後，市場國際金融風險因子大增，造成台股出現殺盤，鴻海身為電子權值龍頭股，難免會遇到較大幅度的賣壓。但從基本面來看，鴻海產能滿載，加上 2014 年又有 iPhone 新機發表，因此在殺盤之後，盤面出現不少多方買盤。

　　然而自營商不改「追漲殺跌」本色，在 2 月 5 日到 2 月 11 日，連續 5 個交易日賣超，總共賣出了 4,933 張的數量。而在鴻海公布了 2014 年 1 月份較差的業績表現之後，盤勢不跌反漲，自營商立刻回補多單 3,670 張。

　　隨後盤勢反彈，自營商逢高再布局空單，在鴻海股價緩步墊高時，自營商可能會因市場多空消息發布及盤勢漲跌，祭出不穩定的進出策略，使得帳面上出現了虧損。（見圖 1-6-1）

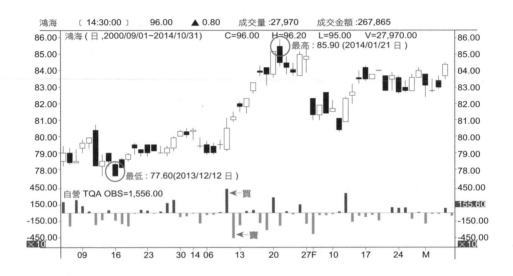

圖 1-6-1　鴻海 2014 年 1、2 月的盤勢起落

自營商的現貨操作，對鴻海股價只是雜訊

　　從自營持股比例以及個股漲跌幅，可以看出：自營商的現貨操作模式極無參考意義。

　　1. 從各大參與者持股比率與鴻海股價變動相關性來看：表 1-6-1 為市場主要參與者持股部位的變化，和鴻海股價變動的連結程度。外資持股和鴻海股價有很高的相關性，高達 55.95％；表示外資的持股增加，鴻海股價後市上揚的機會很高。

表 1-6-1　參與者持股比率與鴻海股價變動的相關性

與漲幅的相關性	
融資	-26.19%
千張	44.24%
外資	55.95%
投信	-0.27%
自營	-12.78%

　　自營商的持股比率與源海股價的相關性為 -12.78％，自營商持股比率增加，鴻海股價後市有可能下跌。但由於趨勢不明顯，自營商的持股變化對鴻海股價後市漲跌，並沒有太大的決定性，上漲下跌的機率粗估為 50％比 50％。可見自營商持股的增加或減少，對鴻海股票操作較不具參考價值。

　　2. 從連續交易日與鴻海股價變動的相關性來看：如果各位還是很懷疑，那麼筆者同樣從相關性的角度出發，利用連續交易日的相關性，觀察自營商對鴻海的操作是否有較好的影響。

　　表 1-6-2 為單日自營持股比率的增減，與當天股價（T）、與隔天股價（T＋1）、與隔兩天股價（T＋2）、與隔三天股價（T＋3）、與隔四天股價（T＋4）、與隔五天股價（T＋5）的相關性表現。

　　從表 1-6-2 可以看出：自營持股與當日鴻海股價的表現，除了當天有較高的相關性（14.02％）之外，其餘的日子理，都展現無相關的情況。

表 1-6-2　單日自營商持股變動與五天後股價的相關性

漲跌幅	相關性
T	14.02%
T＋1	-5.70%
T＋2	-0.42%
T＋3	3.54%
T＋4	1.04%
T＋5	-0.10%

　　從圖 1-6-2、圖 1-6-3 可以看出相關性都在正負 5％之間。以鴻海這樣的權值股來說，很難利用自營商的盤後資訊來操作。因此，當媒體強調自營商強力買進鴻海時，千萬不要傻傻跟單，否則很可能會有虧損的疑慮。

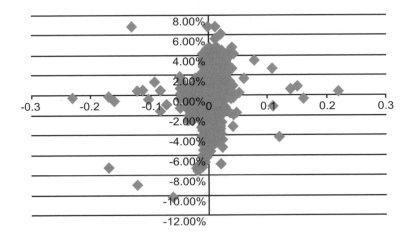

圖 1-6-2　自營持股比率與當日盤勢相關性

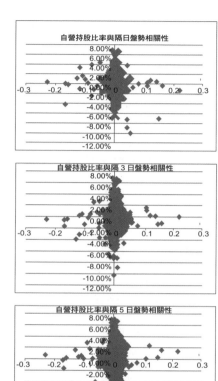

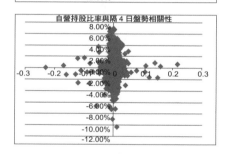

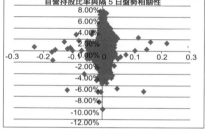

圖 1-6-3 　 自營持股比率與後五日盤勢相關性

自營商的獲利秘訣

有句諺語說：「習慣是思想的函數。」很多人認為這句話不適用自營商的操作模式，因為自營商的資金，沒有外資來得多，操作模式快狠準，較無明確制式規則。

既然自營商在大型股票的進出當中，討不到任何便宜，且被視為

無意義的雜訊，那麼自營商早該退出市場，為何還死皮賴臉不閃人？想必還是有某些穩賺不賠的方式，才會讓自營商穩居三大法人之列。

　　我們必須跳脫傳統的籌碼分析，因為自營商有沒錢的玩法，雖然手中無兵無糧，但凌駕在遊戲規則之上，還是有機會打勝仗。

掌握第一手資料，成為一方之霸

　　一般投資大眾無法得到第一手企業內部消息，因此台灣《證交法》規定：大股東若要轉讓或買賣手中持股，必須先公告，才能夠將手中持股丟到市場中進行買賣。於是利用承銷以及股務代理制度，券商就能以旁觀者、甚至監督者的身分，得知公司的第一手內部資料。

　　台灣資本市場現行承銷制度是；證券承銷商在輔導一家公司新上市時，會提供這家公司治理及會計上的建議，並於組織強化期間內，派專員到公司內部做資料的研究及調查。這些都是該公司的第一手內部資料，也是外資、投信、法人最想知道的資訊。

　　只要有了第一手資料，賺錢還會難嗎？而擁有第一手新上市公司內部資料的證券承銷部門，最願意將第一手資料與誰分享呢？除了證券公司高層外，當然就是各家券商的自營操作部門了。

　　另外一方面，在承銷制度當中，該券商必定會將包銷所剩的股份，交由自營商操作。但因剩餘的股份不多，單一個股的持股部位很少超過 10％，所以在操作上，不須經由申報，就能靈活地多空進出操作。

強強聯手，獲利績效升空，發動蜜月行情

如何確切評估一家新上市公司的價值呢？台灣市場有個「詢價圈購機制」，市場投資人或是券商承銷部門可以利用這個機制，了解某檔股票在市場上的實際需求，以訂定合適的承銷價格，再配售給有意承購的投資人。

例如，若有投資人認為：某檔新上市股票題材普通，不會有爆發性成長的獲利。但承銷部門在輔導該公司上市的過程中，會連續審核該公司的財報及生產線狀況好幾年，因此對公司內部非常了解。

如果外界的認知和內部實際狀況有落差，券商的自營部門有機會事先得知這樣的消息，趁承銷價格低廉時，大舉買進布局持股；公司派在股票好不容易上市後，也很樂意看到股價持續攀升，不會趁勢出脫手上持股。此時籌碼集中，再加上新聞媒體的推波助瀾，就成就了「新股上市蜜月行情」。

幾年前，有一檔消費性電子類股上市後，盤面整理了近兩個月，各類消息靜悄悄，三大法人著墨也不深，並沒有太明顯的進出。但某自營商卻在盤面走強時，連續三天站在多方，追捧了 1,000 張以上的買單；而這家自營商剛好就是該公司的股務代理商，令人充滿了無限遐想。

在自營商大舉買進後幾日，國內券商紛紛發表研究報告，報告內容正面，不僅將大幅成長或轉虧為盈等消息發揮得淋漓盡致，該公司內部人也站上第一線，在媒體前表達對公司發展的高度信心，推升了股價表現。短短幾個月內，這家公司的股價就上揚了將近30％，比起僅上漲 0.5％的大盤，其表現簡直是可圈可點。

　　不過，多頭走勢來得快，去得也快，在季報發表前夕，此自營商逢高出脫持股，賺進大把鈔票後便銷聲匿跡。雖然媒體對這家公司的業績好評不斷，但股價似乎已達高點，無法再向上推升。

　　這類案例屢見不鮮，**有不少新股上市的表現，通常不是看外資或投信，而是看自營商手中持股有沒有出脫。**如果沒出脫，後續蜜月行情的可能性大增；如果有出脫，千萬別因流言蜚語而買進，否則你認為的蜜月行情，恐怕就成了泡沫行情了！

1-7 法人之外的關鍵控盤者：大股東

顧名思義，大股東就是：持有某支股票大量股份的股東，也就是該股票的大戶，除了外部投資人以外，最有可能就是該上市公司的董座，也就是所謂的「公司派」。

台灣其實是個金融監管不太完善的地方，一旦有任何「消息」，公司派往往第一時間得知，而出現股權相應的動作。所以除了專注本業、用心經營的大股東之外，也會有些上市上櫃的老闆，喜歡利用財務操作與消息面在市場套利。

例如業外投資子公司，再利用母公司與子公司間的貨物調動，來衝業績炒作，或大放空穴來風的利多消息等等。之前日月光併購環電的內線風雲，讓日月光老董包養的小三被告上法庭；或胖達人事件的帝寶炒股軍團，都是著名的大股東炒作股票、坑殺散戶的例子。

持股超過五千萬，才算大戶

不過，無論公司派是否專注本業，都可以觀察其操作情形，找出應對的模式。大股東若專注本業，就會很清楚公司前景，如果市場價格過低，他們會自掏腰包投資，是長線操作極佳的參考。

例如台股的王者台積電，其千張大股東持股比例這幾年一路增加，如今已經高達 9 成，如果當初一路跟著大股東加碼，那麼投資人的股票就可以從 60 幾元一路漲到現在的 127 元了。若有大股東喜歡炒股，也可以根據其消息面與進出動作來跟進。

　　要分辨大戶或小戶的持股變化，不能用股票張數來算，因為低價股就算超過 1,000 張，也比不上高價股的 100 張。

　　舉例來說：雞蛋水餃股「東訊」的市價只有 4.2 元，只要投入 400 萬，就可以成為「千張大股東」；若是 127 元的台積電，得投入 1.27 億，才能成為台積電的「千張大股東」。所以台積電有 9 成的籌碼，都在「股市億元戶」手中，跟著這些有錢人投資，應該不會錯到哪裡去。（見表 1-7-1）

表 1-7-1　台積電的股權分布表（千張大戶持股高達 91.0099%）

2014 年

台積電　股權分散			
持股分級	人數	股數（股）	持股比例（％）
持股 1-999 股	161,940	36,656,010	0.1414
持股 1,000-5,000 股	124,824	270,919,524	1.0448
持股 5,001-10,000 股	26,649	189,058,225	0.7291
持股 10,001-15,000 股	10.583	128,265,728	0.4947
持股 15,001-20,000 股	4.724	82,578,528	0.3185
持股 20,001-30,000 股	5,307	128,336,620	0.4949
持股 30,001-40,000 股	2,524	87,196,837	0.3363
持股 40,001-50,000 股	1.650	74,200,664	0.2862
持股 50,001-100,000 股	3,121	217,329,766	0.8382
持股 100,001-200,000 股	1,673	232,579,607	0.8970
持股 200,001-400,000 股	1,098	307,844,371	1.1872
持股 400,001-600,000 股	449	218,852,946	0.8440
持股 600,001-800,000 股	248	172,947,422	0.6670
持股 800,001-1,000,000 股	204	184,311,408	0.7108
持股 1,000,001 股以上	1,383	23,598,297,304	91.0099
合計	346,377	25,929,374,958	100.0000

　　所以**大小戶的持股變化，以金額大小來看應該是最準的，超過5 千萬台幣的，差不多可以算是大戶**，這可不是一般散戶能隨便拿出來的資金。但目前「集中保存託管所」公布的持股分類，最多只到千張，所以有些小型股就沒那麼容易分類了，這方面的資料可以透過「集中保存託管所」裡的股權分布表（www.tdcc.com.tw）查出，或參看本書第 2 章的實例。

散戶持股比例，是個反指標

　　從股權分布表及融資的變化，也可以看出：有為數眾多的小股東加總形成的散戶族群。不過，他們大多扮演賠錢角色，所以「散戶買你就賣，散戶賣你就買」的操作模式，大約有 6 成的勝率。但 6 成的勝率太低、風險過大，獲利效率不夠好，不建議投入大量資金，還是把散戶當做輔助指標就好。

　　總而言之，**一家優質的公司，大戶人數不太會減少**。若有公司持股比例不斷變高，表示少數大戶不斷將資金投入該股票，散戶持股因而逐漸變小、人數也逐漸變少，應該就是可以跟進的訊號。

　　籌碼不斷被大戶吸走，通常是盤面轉強的好兆頭，因此可以從大戶與散戶持股比例、持股人數來判斷股市情勢，對於有一定市場價格的股票（大約是 50 元以上）來說，千張持股就超過 5 千萬台幣，這兩者的關係，都值得列為重要的參考指標。

股權結構重點速記

「大吃小」永流是金融市場的主流，股權結構也依循相同的概念，平時跟著大戶的腳步走，遇到大戶急流勇退時，不要懷疑，趕緊腳底抹油就對了！

跟著大立光的大股東買，會不會賺？

研究大股東最好的範例，通常都是高價股，因為高價股的大股東，才是真正的大戶。例如光是 800 張的 800 元大立光持股，就要 6.4 億的資金，拿得出 6.4 億現金的投資人，通常都是超級大戶，所以高價股的籌碼通常比較乾淨簡單。

利用法人的籌碼判讀進出場時機，最重要的就是：搞清楚誰的持股籌碼跟股價的連動性最強，以及如何判斷控盤者的「大」動作，創造上車的獲利。

大股東持股變動與下月股價變動為正相關

大立光的高價股龍頭地位，這兩年來歷久不衰，主要原因在於：智慧型手機的普及和低價競爭。

雖然造成品牌毛利的下降，但大立光掌握了關鍵的 800 萬畫素鏡頭零組件，只要手機出貨量提升，且中小型品牌大量進入 800 萬畫素的領域，大立光就可以保有相當的獲利。

投資人都知道產業動向，大股東與公司高層更是再清楚不過，2013 年上半年，800 張以上的大立光大戶持股都是淨買超，股價自然向上。但跟著大股東買到底會不會贏呢？若資金不夠長線布局，又要

如何抓到大股東的大動作呢？這些問題可以用圖 1-7-1 來解釋：

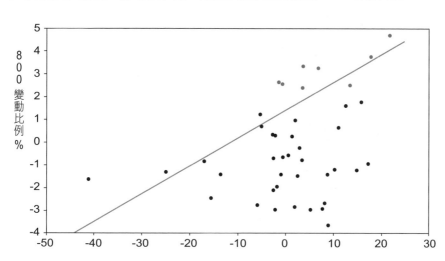

圖 1-7-1　大立光大股東持股變動與隔月股價變動關聯性

　　圖 1-7-1 的縱軸是 800 張以上持股結構變動的百分比，每一格代表
800 張以上的大戶。以全市場的股權角度來看，比較不受價格與除權息
變化的影響。

　　橫軸則是每月第一天公布持股變化後，直到月底的股價走勢，每
一格代表月初公布持股後隔月的股價，上漲及下跌變動單位為 10％。

　　藍色的線（藍色部分）是對數據做回歸分析，用來表達兩者之
間的相關性；藍線由左下到右上，表示持股變化和股價走勢呈現正相
關，只要大股東買，隔月大致上要漲。

　　如果所有的點都落在這條線上，代表大股東買多少，股價就會漲
多少，結果很容易推算出來。可惜操作股票如果這麼簡單，就不會有
那麼多人賠錢了。

等待大股東大買大賣的訊號

投資市場永遠充滿雜訊，過濾雜訊最簡單的方式就是：不理會小波動，耐心等「大」動作出現時再操作。大股東小買小賣時，你或許不清楚盤勢怎麼走，但大股東大買大賣時，你總看得清楚吧？

跟隨大股東操作的勝率分析

圖 1-7-1 中的藍點，代表大股東當月買超，超過全市場持股的 1.5％，除了兩個月跌幅不到 5％以外，其他時間都是全勝狀態，勝率高達 8 成，最大獲利甚至可達到 30％。所以，這幾年只要耐心等大股東有「大」動作，即便晚一個月出手，還是有很好的上車機會。

圖 1-7-2 顯示：大立光股價自 2014 年 2 月大戶大舉買超 1.5％後，短短半年內，一路從 1,250 飆漲到 2,385 的走勢。

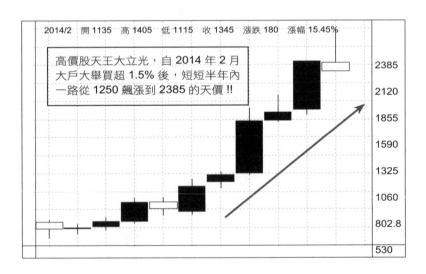

圖 1-7-2　大立光在短短半年內，股價大舉飆漲

　　如果你是講究勝率或喜歡分析的人，另外一張圖可以讓你了解大股東有大動作時，股價相關的變動程度。以下圖 1-7-3 與圖 1-7-4 的右圖是 800 張股權變動的機率分布圖，左圖是月股價變動的機率分布圖；橫軸是股價當月的漲跌幅百分比，縱軸是發生的機率。

　　深灰色部分是兩者相對應的地方，在圖 1-7-3 的右圖，選擇 800 張以上持股者上個月買進超過 3％～ 4％的月份，對應到左圖會發現：當月漲幅都會落在上漲 0％～ 20％區間。

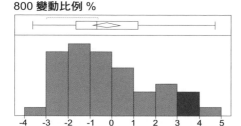
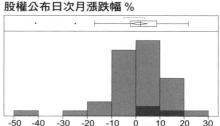

圖 1-7-3　大股東買進全市場超過 4％，下月漲幅都在 20％～ 30％之間

　　同樣的，在下一頁圖 1-7-4 中選擇大股東上個月買進超過 4％的月份，對應到左邊會發現（左右圖藍框所示）：當月漲跌幅都落在 20％～ 30％之間。只要大立光大股東買進超過全市場持股 3％的月份，隔月就一定會漲。

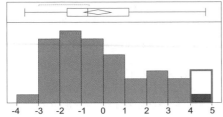
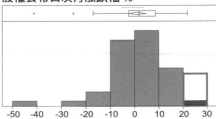

圖 1-7-4　大股東上月買進全市場在 3 ～ 4%之間的月份，漲幅均落在 0 ～ 20%間

大股東單月大買超過 1.5%股權，隔月必漲

這個股價變動的原理在於：整體變動幅度呈常態分布時，漲跌機率都差不多，股價多半都在一個區間內變動，少數時候會有漲跌超過 20%～ 30%的大波動。

而大股東股權變動值，大體上呈現雙峰狀態，通常大股東的動作不會太隨機，有時賣比較多、有時買比較多，在大股東大買或大賣有明顯趨勢時，就是你判斷大股東大舉出貨或進貨，切入買進或賣出的好時機了。

藍框部分是比較明顯的大股東進出狀況，意即大股東單月大買超過全市場股權 1.5%時，會發現隔月股價一律大漲，無一例外。

通常有千張高價股的大股東，都是市場真正的大戶，但有些中小型股與權值，大股東的持股就沒有這麼大的影響力，千萬不要看到黑影就開槍，不做任何判斷與分析，就盲目追隨大股東動向。

要想投資獲利，可以簡單開始，好吃的先吃，建議大家先求有再求好。靜下心研究一、兩支籌碼乾淨的高價股票，耐心等到可切入的

時機，要合理獲利絕非難事。

跟隨大股東的操作模式不是萬靈丹！

　　如果所有股票只看大股東，就能夠吃遍江湖，市場上就不會有輸家了。在市場上，你賺的錢來自於其他投資人投入的錢，所以想要贏錢，就必須比別人做更多功課。

　　而另外一支千元股王宏達電，則因大股東全面棄守、持續賣出，只能藉跌深反彈與外資匯入偶爾收紅，直奔破底而去。

　　從大立光跟宏達電的例子裡，可以看出：大股東籌碼在高價股的進出上，與未來的股價有高度的正相關。只要跟著大股東操作，在月線上可說是無往不利，想輸都很難！

1-8 低價股、剛上市股票的大股東動向跟不得！

雖說大股東對股價漲跌有關鍵性的影響，但大股東的持股也並非操作的萬靈丹，小型股與剛上市股票就是最佳反例。

淪為全額交割股的低價股——東訊

東訊是東元電機當初投資 Wimax 的子公司，隨著 Intel 退出 Wimax，通訊產業風向球正轉向 LTE（長期演進技術）的狀況下，連年虧損的東訊淪落為全額交割股，並不令人意外。

東訊在 2011 年下半年之後，股價都壓在 5 元以下，一張股票只要 5 千元就有了，只要投入 500 萬，馬上就是東訊的「千張大戶」，比起動輒億元起跳的台積電千張大戶，其參考價值自然相去千里了。（見圖 1-8-1）

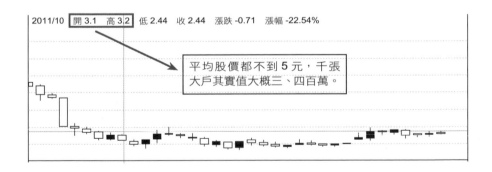

圖 1-8-1　東訊平均股價不到 5 元

　　由於打入全額交割股，東訊沒有融資、外資、投信或自營商的部位，也看不到籌碼的數據，能參考的就只剩下小股東與大股東了。（見表 1-8-1）

表 1-8-1　東訊各持股者與股價反應的相關性

與漲幅相關性	
融資	0.25%
千張	13.60%
外資	25.59%

　　而千張大戶與東訊股價的相關性，也只有 0.136。這些都證明了：東訊大股東的確不太有參考價值。那麼跟著東訊的大股東買進做多，會不會贏呢？

東訊不管怎麼買，都會賠錢！

　　圖 1-8-2 是東訊在 2013 年之後的千張大戶持股比例變化，在 8 月之前都持平，8 月開始爆量，一路上漲到 2014 年 1 月。8 月之後大股東的爆量就是上車點，若從 8 月看到股東爆量而買進，一直買到 2014 年 1 月，會不會有賺頭呢？

　　東訊在 8 月之後的股價跌跌漲漲，並沒有跟著大股東的持股一路上漲。若跟著東訊大股東一起上車，那麼從 9 月的 3.28 元，到隔年 2 月跌到 3.2 元，倒賠了 0.8 元。0.8 ÷ 3.285 = 0.243，6 個月內就賠了 2 成多。

　　只看一個波段或許不準，就算在台積電裡，只跟著大股東操作，偶爾也會小輸，何況是東訊呢？不妨多看幾個波段再說。

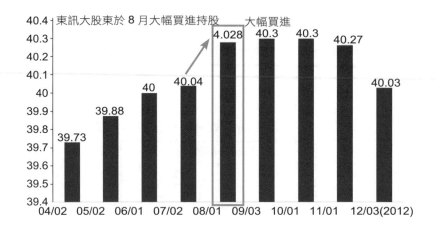

圖 1-8-2　東訊 2013 年後的千張大戶持股比例變化表

圖 1-8-3 是東訊在 2012 年間的大股東持股變化，4 月開始有大股東爆量進場。持續買進到年底，買盤才開始稍有縮手，結果年底 12 月就反手賣出。

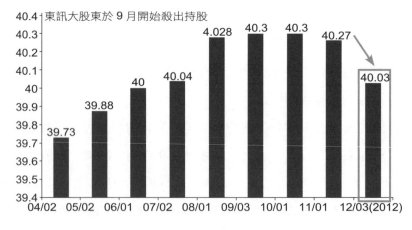

圖 1-8-3　東訊 2012 年大股東持股變化

如果也跟操作大立光、宏達電一樣，跟著大股東的進出來操作東訊，從 4 月初開始買進，然後 12 月隨著大股東出場而賣出的話，會發現東訊的股價並沒有跟著大股東的漲勢走，反而一路小跌到年底。

換句話說，若跟著東訊的大股東買進，大股東 4 月大舉進場，而投資人在 5 月上車，會買在 2.65 元，隔年 1 月跟著大股東出場時賣出，則賣在 1.9 元，倒賠了 0.75 元。0.75 ÷ 2.65 ＝ 0.283，9 個月內虧損了 2 成 8，如果有信用交易部位的話，早就斷頭了。

所以，低價股的大股東數據真的沒什麼參考價值。所謂的大小股東，不是由股票張數決定的，而是持股的實際「金額」，這點在觀察持股結構時，不能不注意。

大股東重點速記

市場上有許多供投資人利用的資訊，但得用對了才有意義，因此每個投資人都必須做足功課。在高價股或大型權值股裡，跟著大股東操作有一定的準度，但在低價股裡，大股東的動向就沒什麼意義了。

因此，利用大股東資料進行股價判讀前，要掌握以下幾個要點，以免賠了夫人又折兵：
1. 大股東對股價的操縱性。
2. 大股東的成交量。
3. 大股東的流動性。

剛上市的高價股──漢微科

只要是高價股王，都可以參考大股東操作方式嗎？不一定。**雖然**

高價股票的大股東數據比較有參考價值，但也有一種不能跟著大股東操作的高價股票，那就是：剛上市沒多久，籌碼還不穩固的股票。

一家公司打拚多年後，終於等到股票上市，大股東很難不將手中持股變現，犒賞自己一下；即使公司高層不這麼做，底下的工程師們熬了這麼久，也很難不在未上市時，先出脫「當做獎金發配」的持股。

因此，這些股票的持股結構變化，會有千張持股下降的狀況。以下就以新股王漢微科為例，看看跟著大股東操作，是否還會大賺？

漢民微測科技股份有限公司於 2012 年 5 月上市，從圖 1-8-4 來看，如果不確定漢微科是否剛上市，可以點選 10 年區間，起始點還是停留在 2012 年 5 月，代表之前還沒有上市，所以確定是新進股票。

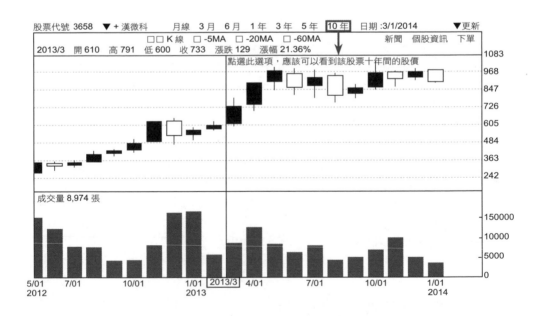

圖 1-8-4　股王漢微科的近期走勢

那麼大股東持股變動，與漢微科的股價反應有何相關性呢？股東持股變化如表 1-8-2，千張大戶與漢微科的股價反應只有 21.02％的相關係數，外資更掉到了負相關。

因此可以推定：跟著大股東進出，績效必然不佳。但光說不練也不行，以下就來看看實際的例子。

表 1-8-2　大股東持股變動與漢微科股價反應的相關性

與漲幅相關性	
融資	27.27％
千張	21.02％
外資	-16.76％
投信	-10.06％
自營	15.53％

漢微科大股東大賣時，跟著做空肯定慘輸

由圖 1-8-5 可以看出：漢微科的大股東持股比例，自上市以來就一直往下遞減，表示大股東持續將手中持股變現。2012 年 6 月大股東持股比例之所以大幅下跌，就是因為漢微科在 2012 年 5 月上市後，管理高層，想換現金犒賞自己或獲利了結，而出脫手中持股。

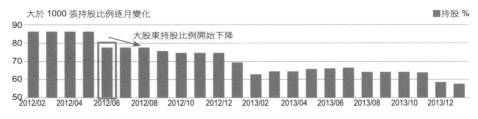

圖 1-8-5　大股東持股比例逐年下降

　　股票剛上市時，大股東持股比例減少是正常現象，不代表大股東打算做空，所以此時絕不能跟著大股東的動向操作。不信的話，簡單從 2012 年 7 月開始跟著大股東做空出脫持股，一直做到 3 月大股東持股比例回升，然後在 4 月回補，看看結果會是如何。

　　如圖 1-8-6，大股東持股比例在 2012 年沒什麼大變化，到了 2013 年初，大股東才開始回補持股，而有了空單出場訊號。

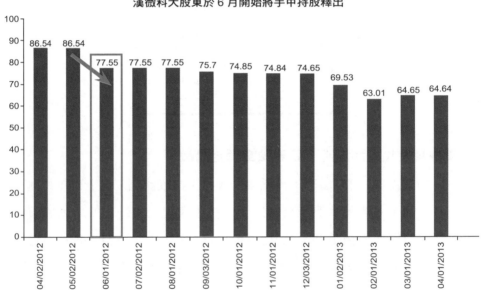

圖 1-8-6　千張以上持股比例逐月變化情形

　　接著再看圖 1-8-7 中漢微科的股價表現，不用看數字就知道：這次做空是輸了；漢微科上市後就一路爬升，月線上只小跌了兩次。

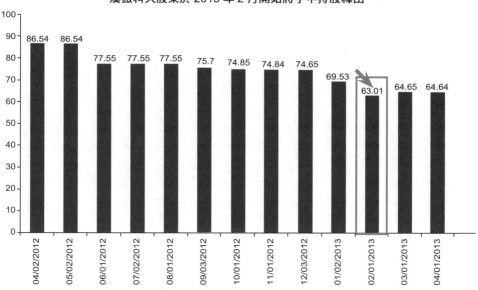

漢微科大股東於 2013 年 2 月開始將手中持股釋出

圖 1-8-7　漢微科上市後就一路爬升，只小跌了兩次

　　如果跟著大股東上市的變現賣壓做空，漢微科會一路長紅到隔年，2012 年 7 月空在 327 元，到了 2013 年 3 月已經是 740 元，倒賠了 413 元，輸得非常慘；413÷327 = 1.262，10 個月內輸了一倍以上，連老本都賠光了。

　　如果不從 2012 年 6 月開始做，2013 年 1 月也有一次股東持股比例下降（見圖 1-8-8）的情況，假設跟著大股東在 2013 年 1 月做空，在 3 月出場的話，又會如何？漢微科一路長紅，做空結果必然不佳。結果空在 2 月時的價格是 573 元，同一個反彈點出場，還是 740 元，一樣輸得很慘。

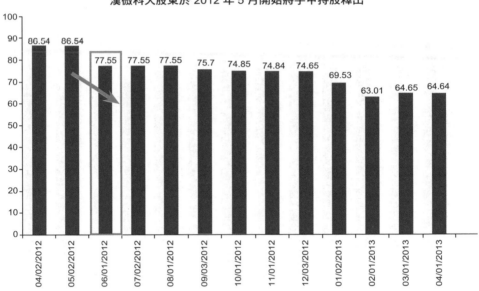

漢微科大股東於 2012 年 5 月開始將手中持股釋出

圖 1-8-8　漢微科在 2013 年 1 月也有一次股東持股比例下降

　　不管從哪個點開始跟大股東出脫持股做空，結果都是賠錢，而且都賠得很慘。因為漢微科剛上市，大股東持股通常都有下降的趨勢，參考價值不高。

　　因此，在選擇籌碼進行分析前，一定要先做好功課，**若要以大股東做為主要參考，高股價的龍頭股或權值股會是較佳的選擇。**且還是要注意過往股價與持股比例的連動性，才不會輕易落入陷阱。

1-9 巨人觀察散戶是否上當的指標：融資融券

在一般人的認知裡，融資是指：「在缺乏資金的情況下，不得已跟券商借錢，所進行的高槓桿投機炒作行為。」真正的法人及大股東多半不缺錢，或對投資的風險與槓桿有一定的考量；何況他們控管的可投資資金，甚至超過某些股票本身的胃納量。

如果外資需要更多資金，也可以向資本市場募集低利率資金，根本不需要跟券商借高利率的融資。因此使用這些資金的，大多是市場的散戶，長期而言他們是市場的輸家。

因此，整體融資的增減，某個程度就代表散戶對後勢的看法。可惜散戶之所以為散戶，就是因為他們對後勢的看法非常「不準」，只不過這個「不準」跟一般人認知的不一樣。

舉例而言，著名的台股大師古 x 寒先生出來講解盤時，十次裡有九次盤勢都往他預測的反方向走，古先生因而被封為著名的「台股反指標」。這種每次預測都「高度不準」的關鍵人物，其實也是投資人很好的參考對象。

散戶有時看對、有時看錯，但長期來說，看錯的機率稍微高一點。散戶的看法隱含的「資訊」非常稀少，不易成為投資的參考。但在某些籌碼凌亂的飆股中，大部分籌碼被瘋狂的散戶接手，導致法人的動向不太明確時，融資影響股價的能力就會顯著提升，成為極佳的參考標的。

如何找出「關鍵控盤者」？

　　用判斷籌碼的方式操作，要在台股市場上贏錢絕非難事，況且有些股票不但有關鍵控盤者，還有「怎麼做就怎麼輸」的關鍵反指標。但重點是：在外資、投信、自營、大股東、融資中，如何得知誰是能影響股價的控盤手，誰又是標準的反指標呢？。

　　除了利用籌碼乾淨的高價股，專注本業、小型飆股、電子權值之類的股票特性去分類之外，還可以將每個月的股價與各大法人持股、大股東持股、融資等資訊做統合的相關性研究分析，藉此確定何者為關鍵控盤者。

先認識持股和股價變動的相關性

　　要分辨關鍵控盤者或反指標，必須先了解兩者動向與股價變動的相關性。以下簡單說明何謂「相關性」：

步驟 1　先用十字把圖分成四個區塊，從右上角逆時針看來分別是第一象限、第二象限、第三象限和第四象限。（見圖 1-9-1）

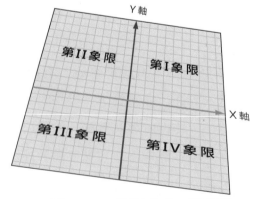

圖 1-9-1　將圖分成四個象限

步驟 2　知道象限之後，有正相關的就是圖上的點，會分布在第一、三象限，表示兩個變數有相互的正向的影響力。

　　從右上到左下這個區塊，點分布愈像一直線，相關性就愈高。如果在籌碼上有這樣的關係，表示這些人買進股票時，股價會隨之上升，是較佳的參考標的。（見圖 1-9-2）

圖 1-9-2　**正相關圖型**

　　假設學生的成績為股價，我們用學生的上課出席率與視力，來解說這個概念。出席率愈高的學生，成績就愈好，所以點狀會往右上分布；出席率愈低的學生，成績愈差，點狀則往左下分布，剛好形成了一個右上到左下接近直線的圖型，這就是所謂「正相關圖型」。

　　與正相關對應的為負相關，以學生視力為例，視力愈好的學生，成績愈差；視力愈差的學生，成績可能愈好，整體有反向的關係。點分布會比較接近圖 1-9-3，為一個負相關圖型。若能找到這種籌碼變動與股價特性，跟著它反向操作，相信也可以獲利。

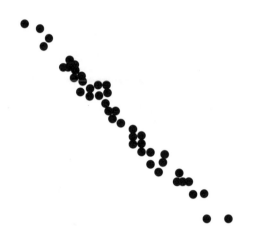

圖 1-9-3　負相關圖型

　　但大多時候，數據都呈現低度的相關性，若以學生的身高與成績來做說明，整體統計後的數據，會變得雜亂無章，四個象限都會有平均分布的狀況。（見圖 1-9-4）

圖 1-9-4　學生身高與成績的相關性圖型

　　籌碼上數據若呈現以上分布，就是低度相關或無相關性，表示該數據對股價沒有參考價值，不應放入決策考量之中。

　　其實大部分的數據或技術指標，若加以研究，常會發現跟未來一段時間的股價都沒有相關性，勝率大概都只有 5 成。不但不能當反指標，甚至不比丟銅板好到哪裡去。相形之下，判讀法人的進出，往往能在台股市場找到許多高勝率標的，進而投資獲利。

「融資」是晶電的關鍵反指標

　　有了相關性的概念以後，再找出「晶電」這支股票的關鍵反指標。首先把晶電幾個法人、大戶、融資的進出狀況，與其股價漲跌幅的百分比做個對照，如圖 1-9-5：

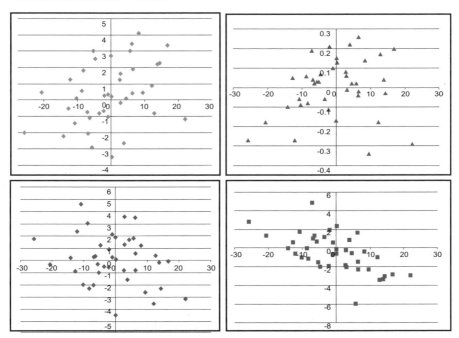

圖 1-9-5　晶電幾個法人、大戶、融資的進出與股價漲跌幅對照圖

買賣晶電的自營商和外資，跟股價漲跌幅呈正相關，跟著法人進出，長期還是會贏。只是這幾個法人的勝率不高，偶爾會如圖 1-9-6 般發生「法人大賣，結果股票卻大漲」的狀況，跟著做的人難免會有損失。

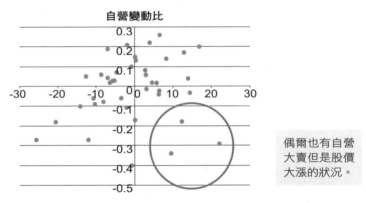

偶爾也有自營大賣但是股價大漲的狀況。

圖 1-9-6　晶電的法人大賣，結果股票卻大漲

相反的，融資的分布就集中多了，大致呈現「賣就漲，買就跌」的負相關分布，是個極佳的反指標。（見圖 1-9-7）

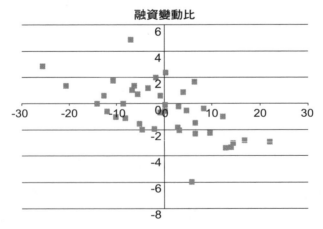

圖 1-9-7　「賣就漲，買就跌」的負相關分布圖

　　如果把法人持股與股價的相關係數做成直方圖來看，就更清楚看出「誰才是關鍵控盤者」，而這些關鍵控盤者，也可以是「精準的反指標」。圖 1-9-8 的數據顯示：融資與晶電的股價呈現最高度的負相關。

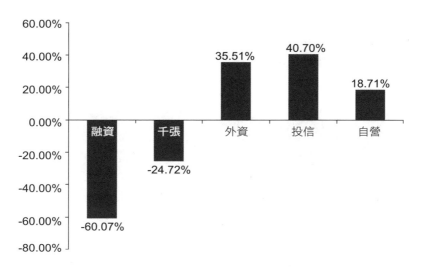

圖 1-9-8　法人持股與股價的相關係數圖

　　因此，在晶電這支股票上，融資只要一買就跌、一賣就漲，是不折不扣的絕對輸家，掌握了一支股票的關鍵反指標，如同掌握了關鍵法人，可以用來趨吉避凶，進而獲利。

跟著反指標對作何時該出手或離場？

　　如果某個大師做多股價就跌，做空股價就漲的話，你會怎麼辦？當然就是避開大師的動作，甚至跟著反向操作。例如你今天想做多，要找買進點，只要等該法人賣很多的檔期就對了！

　　但在出手前，要有融資的判讀工具，筆者習慣用的是理財寶的籌碼

K線。你也可以參考坊間的軟體，如日盛的 HTS，都有類似的相關功能。

打開理財寶後，點選上方的「籌碼 K 線」。（見圖 1-9-9）

圖 1-9-9　點選理財寶上方的「籌碼 K 線」

此時會跳出一個新視窗（見圖 1-9-10）：

圖 1-9-10　點選「籌碼 K 線」後出現的新視窗

　　接著在新視窗的左上角選擇股號，本章的標的是晶電，所以輸入
晶電代號 2448（見圖 1-9-11），就會看到畫面變成晶電的 K 線。

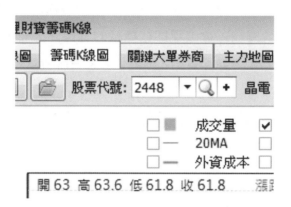

圖 1-9-11　輸入晶電代號 2448

　　K 線圖下面還有兩個圖可以用，而且跟上面的 2448K 線共用一個
時間軸，由於已知融資是晶電的最佳反指標，所以只要點選「融資」，
打開來即可。（見圖 1-9-12）

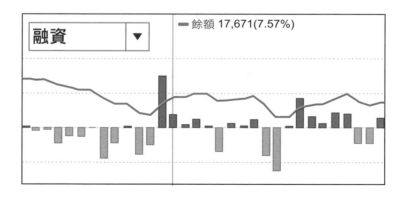

圖 1-9-12　點選「融資」後打開

切記：你用哪種數據計算，之後的策略就要用同樣的方式執行。圖 1-9-13 是日 K 線，所以進出場就是用日做單位。例如，筆者會在當日一早收到資訊、算出策略（若是做月線，則須在月初決定要買進或賣出），跑出融資圖後，會出現紅紅綠綠的直條圖，而中間的橫軸就是：當日融資淨買進等於淨賣出（並非代表當日融資量是 0）。

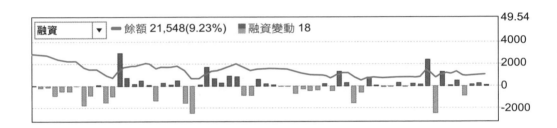

圖 1-9-13　進出場以日為單位的融資買賣超

跟著融資反做的兩個條件

最後設計幾個出實際進出場條件，讓大家跟著融資反向操作，吃融資的豆腐來獲利。

條件 1　融資賣出量大於買進時，就做多；反之，融資買進量大於賣出時，就收手出場

第一個出手點是 2013 年 12 月 24 日，當天的融資為賣超，所以看到圖 1-9-14 的淺灰色部分就出手，因為 12 月 24 日的資訊當天下午才收到，所以買在隔天 12 月 25 日。

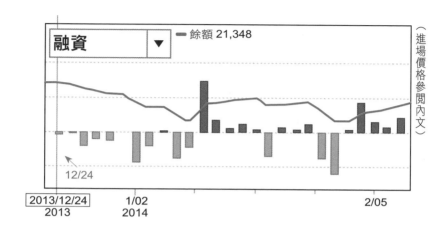

圖 1-9-14　自 2013 年 12 月 24 日起，融資開始出現賣超

接著 1 月 7 日融資又賣超，所以 8 日進場，買在 63.8 元。到了 10 日因為 9 日的買超資訊而出場，賣在 63 元，這次出手小輸 0.8 元。（見圖 1-9-15）

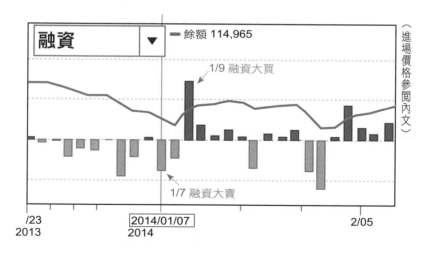

圖 1-9-15　融資於 1 月 7 日大量賣超，9 日大量買超

到了 1 月 16 日，再次買進在 1 月 17 日的 64.9 元，看到買超資訊後，賣出在 64.6 元，小輸 0.3 元。（見圖 1-9-16）

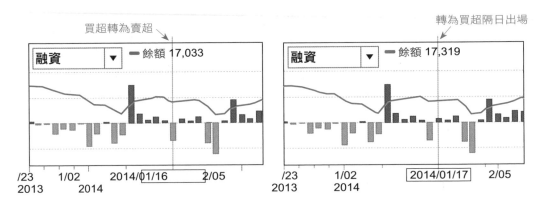

圖 1-9-16　1 月 16 日融資大量賣超，1 月 17 日轉賣為買

這樣操作下來，一個月差不多賺了 4.8 元，成績不錯。由於原先條件設得很粗糙，只要賣超就出手，買超才離場，因此有兩段出手小輸。但其實應該是：**賣超要到一定程度時才能出手，而且不是只能等買超再離場，只要賣超的壓力減輕，就代表融資開始回買，此時即可出場。**

現在上下都以 500 張做標準，融資賣超超過 500 張就出手買進。從剛剛買進的值來看，買超張數大於 500 張就出場，如此一來 1 月 9 日就會出場（見圖 1-9-17），變成買在 63.8 元賣在 66.0 元，又可以多賺一筆。

所以條件的設定很重要，如何找到最佳化的條件，端視你對該個股或標的的熟悉度，剛開始一定是每個條件都要試試看。但無論如何，條件愈嚴、進場門檻愈高，勝率也就愈高，只是出手的機會也會

愈少。這種「非必取不出眾」的交易好時機，一定需要等待，這也是為什麼要增加觀察標的的原因。

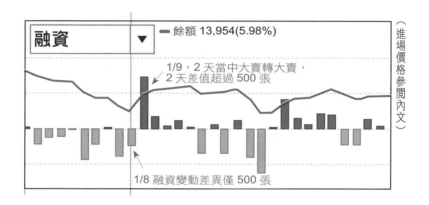

圖 1-9-17　融資買超變動 500 張就出場，因此出場點為 1 月 9 日

　　晶電其實從 2013 年底到 2014 年是一個波段的漲勢，無論有沒有融資輔助，只要做多大部分都會贏，所以前文所示範的操作過程，繼續做下去也無法證明什麼，可能只是在一個多頭中運氣好而已。很多電視上的股票名師，其實只是剛好在多頭喊到幾支飆股而成名的，長期追蹤績效的話，能不能獲利就很難保證了。

條件 2　反向跟著融資做空，融資買超超過 500 張就放空，並在融資買超縮減 500 張後出場

　　多頭勢的晶電，如果短線上可以用融資籌碼抓到拉回點，就表示

融資很有參考價值。用同樣條件套用在晶電上做空，第一次出手會在 2013 年 1 月 6 日，因為相對於 2 日的融資量，3 日賣超已經減退 500 張。（見圖 1-9-18）

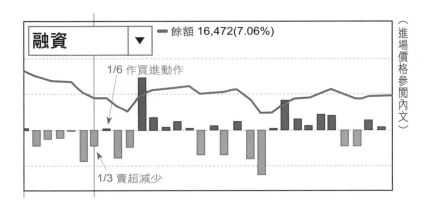

圖 1-9-18　相對於 2 日的融資量，3 日賣超已經減退 500 張

接著會在 8 日出場，因為 7 日融資量又開始下跌。（見圖 1-9-19）

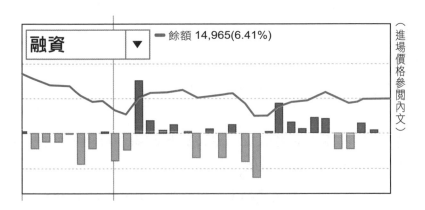

圖 1-9-19　融資賣超於 7 日開始大整，1/7 收盤發現融資賣超，1/8 空單出場

所以 1 月 6 日空在價格 60.9 元，然後 1 月 8 日出場，價格是 63.8 元，賠了 2.9 元；接著再往下做，8 日融資量又開始回升超過 500 張，所以 1 月 9 日再出手。（見圖 1-9-20）

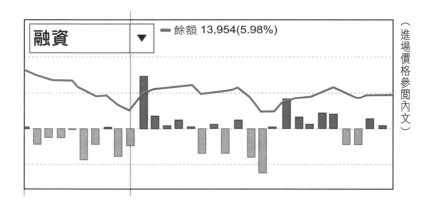

圖 1-9-20　1 月 8 日融資買賣超減退超過 500 張，故 1/9 進場作空

隔天買超上漲更多，所以繼續做空，到了 1 月 10 日，才出現出場資訊。（見圖 1-9-21）

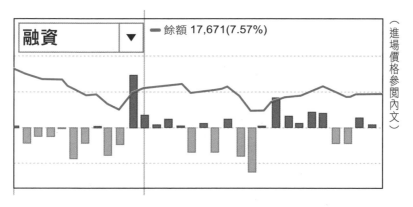

圖 1-9-21　1 月 10 日融資買賣超減退超過 500 張，故 1/13 收盤平倉

於是空在 1 月 9 日的 66 元，然後 13 日（11 和 12 日是週末）出場在 62.4 元，這波段就賺了 3.6 元，跟上一個波段一起結算，也賺 0.7 元。

換句話說，在這檔股票上，只要反向跟著融資走，不管多或空都可以獲利，即使整個盤面處於漲勢，抓融資大舉進場做空都還有賺頭。這是因為融資的負相關性很高。

只要相關係數高，勝率就會高！

關鍵法人不見得是大股東，也可以是外資、自營、投信或融資，但一定是跟股價有正相關的法人。在選擇操作戰場時，並不是只能做關鍵法人（即正相關），負相關也很好做，只要相關係數夠高，勝率就會提高。也是投資極佳的參考依據。

本書重點在教導讀者：如何利用籌碼面取得高勝率。所以比較注重籌碼面，但不表示其他資料不重要，而是事情要一件一件慢慢做好，最後自然就能融會貫通。分析的數據愈多，對戰場就了解得愈透徹，必能把握更多的決勝契機。

此外，若不想親手整理相關的數據進行分析，坊間也有軟體可以幫忙收集，而 i-Trade 愛交易目前也有相關工具供投資人使用。

第**2**章

如何取得法人的操作數據？

2-1 揭開巨人的神秘面紗

德國股神柯斯托蘭尼（André Kostolany）曾說過非常傳神的譬喻：
「經濟以及股市就像一同去逛花園的老人與狗一樣，雖然狗（股市）
會到處亂跑，時而在前、時而在後，但終歸會回到老人（經濟數據）
身邊。」

總經數據也是法人判斷行情的根據

研究期現貨之間的關係，就如同總經數據（總體經濟數據）與股
市間的交互作用一樣，但研究基本面耗費的時間與精神太多，而且多
數基本面數據與盤勢相關較小，甚至毫無相關，造成投資者認為：鑽
研基本面分析是在浪費時間。

但仔細想想，如果總經分析真的只是浪費時間，為什麼各大券商
還是持續發表總經報告，所有的投資機構這麼關注總體經濟的脈動無
一例外？因為法人會將這些因素應用到實際操盤策略中。

筆者手上就有幾個針對總經數據所設計的台股策略，獲勝機率都
高達 9 成以上。**總經分析通常能抓到完整的趨勢盤，不必過度殺進殺
出，就有相當不錯的獲利。只是有利總有弊，總經分析曠日廢時，分
析門檻很高，一般操作者很少有興趣做這類分析。**

總經數據好壞雜訊太多，數據好指數上揚很正常，但經常與市場
實際情況有出入，有時候數據好指數反而下跌，數據不好指數反而上
漲。例如 2010 年美國投資人預期將有寬鬆政策，然而只要經濟數據一

好轉，寬鬆政策執行與否就會出現變數，股市反而下跌，一般投資人實在難以捉摸其中道理。

觀察主要法人動向，就可享有總經分析的高勝率

「指數漲跌」是大額交易人持續買進、賣出堆砌出來的結果，堆砌到一定的數量時，趨勢走向就會更明顯。因此透過法人的反應，可以降低消息判斷的難度，若能有效運用，一般交易者的操作績效勢必好轉。問題是，如何將一門生硬的學問轉為有效、適合大眾的投資策略呢？當然要用籌碼分析了。

我們已經進入「大數據」（Big Data）時代，任何數據、資源都可以拿來做相關性分析。若兩個個體的相關性夠強，只要一方出現改變，另一方必有相對的反應，省略了分析個體和個體間連結的原因，直接理解後續發生的結果。

雖然說利用大數據的概念，可能會忽視許多其他外在干擾，造成分析上的失誤，但只要樣本數愈來愈齊全、時間序列愈來愈完備，策略的勝率也會逐步向上提升，降低投資人的疑慮。

例如「利用歷史市場法人的操作部位，以及股市漲跌幅之間的相關性，做為未來進場操作的依據」，就是個不錯的操作策略。就像利用法人反應總經數據後的行為，來判斷市場後續趨勢一樣，省掉繁瑣的總經分析，卻享有總經分析的高勝率和高獲利。

分析主要法人的留倉狀態及買賣超情形，可以省下研究總經面的時間，因此近年來，籌碼分析逐漸成為台股市場的顯學，對一般投資人來說，也是較有利的切入點。

筆者身邊不少朋友，除了利用相關性的分析，還搭配了邏輯推敲與技術分析，以排除雜訊，更可以彌補總經數據發布間隙（將近 1 個月）內發生的不利因素，例如股價隨機走勢，以增加指數預測的成功率，並強化操盤的績效表現。

找出趨勢堅定投資信心，避免多空窘境

20 世紀以來，金融市場最廣為人知的「隨機理論」，源自於法國數學家巴契里耶（Louis Bachelier）的一篇博士論文〈投機理論〉。巴契里耶以「醉漢走路」來形容股票市場的難以預測：醉漢雖可緩步搖晃地從電梯口走向自己的房間（＝長期趨勢），但這段路的步伐混亂，往左或往右擺盪的幅度很難預測，是幾近隨機的常態分布。

以「道氏理論」（Dow Theory）[1] 來解釋的話，趨勢中有隨機漫步的走勢，而且一目了然。但震盪整理以難以預測的上下走勢為主，如同航行在大海中，不管是有經驗的操作者，還是搶帽子的投資客，都在這波震盪趨勢裡上上下下，稍有不順，做多也不是、做空也不是，好像暈船一樣，難免會破壞投資人的信心和耐心。

當投資人缺乏信心耐心之時，也是敗相將起之刻。要避免隨機擺盪破壞你的投資策略，最好的方法就是：學習籌碼分析。讓你有掌握盤勢的指北針，就算盤勢震盪得再厲害，只要經濟數據、籌碼狀況沒有太大變化，就可以穩定操作重心，有效過濾盤勢的隨機波動，並掌

---

1 道氏理論（Dow Theory）是所有市場技術研究的鼻祖，由查爾斯・道（Charles Dow）所創，是一種根據價格模式的研究，推測未來價格行為的方法。不僅闡述技術分析方法和價格運動的形態，也是一門關於市場的偉大哲學。雖已有近百年歷史，但在當今市場裡，其基本精神依然有效。

握趨勢發起點。

　　以下的籌法分析入門，幫助你找尋影響台股的巨人留倉狀態，記錄他們的操作軌跡，經過一定時間的觀察和記錄，再判定巨人操作的目的，甚至預測巨人的後續動作，等到出現根本上的變化後，再來調整手中部位。

2-2 每日必做功課 1：盤點三大法人現貨買賣超

　　筆者生平最崇敬的投資達人，就是人稱「金融巨鱷」的喬治‧索羅斯（George Soros）。除了在財富上的成就之外，他的人生哲學也有極高的造詣。身為猶太人的索羅斯，雖然出身富裕家庭，但在戰亂紛擾下，也只能逃離原本的舒適圈，跨入充滿危險和痛苦的歲月。但他從不因此而苦，反而認為這番際遇正是他成功的重要因素。

　　索羅斯早年在倫敦經濟學院求學時，雖然拜入當時經濟學翹楚約翰‧曼德（John Medd）的門下，但上了幾堂課之後，索羅斯發現：當時封閉的學科理論和現實有很大的差距，藉由哲學角度來探討世界趨勢，反而更能了解金融市場的運作。但知識在當時非常有價值，為了要完成學業，身無分文的索羅斯只好去當夜間的鐵路搬運工，並領取救濟金以滿足自己求知的渴望。

　　畢業後，由於戰事連年，經濟蕭條，索羅斯未能立即進入金融圈，反而開始賣起了手提袋。但心繫金融市場的索羅斯，從未放棄學習和展現自我的機會，只要一有空，就寫信給英國各地的投資機構，希望有朝一日能一展長才。果然機會是留給有準備的人，索羅斯後來有機會從培訓生做起，一步步蛻變為今天的金融傳奇。

　　以上的勵志小故事，正是要引導出本節的重點：想要怎麼收穫，就要怎麼栽。今日金融市場需要的人才，除了要有高學歷、豐富經驗之外，還必須要跟電腦軟、硬體等高科技爭個你死我活。你原本認知的理論或擁有的優勢，都會出現邊際效益遞減的情況，同樣的方法有

愈多人使用，各自瓜分的效益就愈薄。

　　所以，當其他人一心找尋複雜的套利機會，或追求短線乖離修正獲利契機時，各位讀者何不返樸歸真，脫離自以為是的投資舒適圈，腳踏實地地彙整各項資料，找出真正推動盤勢的力量。

　　所以，我們應該立即展開每日必做的功課，著手記錄法人的留倉狀態。主要的功課有三：

1. 盤點三大法人現貨買賣超

2. 觀察三大法人期貨留倉淨額

3. 追踪十大交易人以及十大特定法人期貨資訊

　　後文將告訴各位：如何輕鬆快速地記錄數據，並利用紀錄資料延伸出有效的操作指標，幫助自己有效判斷盤勢。

盤勢最大重點：三大法人現貨買賣超

　　不論在台股投資現貨或利用期貨市場上下衝殺，有個重點絕對不能忽略，那就是：三大法人現貨買賣超。若能抓住這個重點，就等於抓住了半個盤面走勢。

現貨籌碼的資訊哪裡找？

　　現貨市場資料琳瑯滿目，但台灣證券交易所是其中最重要的資料擷取網站：http://www.twse.com.tw/ch/，這個網站提供了很多現貨資料。以下介紹幾個比較常用的現貨市場籌碼資訊。

1. 三大法人買賣超資訊

　　從表 2-2-1 可看到：三大法人在現貨市場總共買了多少、賣了多少，總共的買賣差額（淨額）有多少。以 2014 年 4 月 7 日的盤後籌碼數據來看，除了投信賣超 9.1 億元外，外資、自營商分別買進 49.4 億元及 10.8 億元，都是以偏多的想法看待台灣股市。

表 2-2-1　103 年 4 月 7 日三大法人買賣金額統計表

（元）

單位名稱	買進金額	賣出金額	買賣差額
自營商	5,048,247,162	3,961,373,298	1,086,873,864
投信	571,707,750	1,482,069,667	-910,361,917
外資及陸資	29,814,040,203	24,872,949,553	4,941,090,650
合計	35,433,995,115	30,316,392,518	5,117,602,597

資料來源：http://www.twse.com.tw/ch/trading/fund/BFI82U/BFI82U.php

　　表 2-2-1 雖好，但如何從這些密密麻麻的數字，得知三大巨人到底是做多還是做空？你可以利用 Excel 來更新數據，並且為數據加工。

　　有什麼好方法，可以從這些令人頭痛的數字天書中看出些端倪呢？其實你只要將數據圖像化，利用清楚的統計圖表，便可以弄清楚這些亂七八糟數據背後所代表的含義，大大降低分析的難度。以下幾個步驟，可以幫你達成目的：

步驟 1　選定資料來源網頁，例如：證交所三大法人買賣金額統計表。網址為 http://www.twse.com.tw/ch/trading/fund/BFI82U/BFI82U.php

步驟 2　開啟 Excel（以 2010 版為範例），找到資料選項內的「從 Web」：（如圖 2-2-1）

圖 2-2-1　Excel 軟體介面

步驟 3　點選「從 Web」之後，出現「新增 Web 查詢」視窗，將複製的網址貼到「地址」中，並點選「到」，隨後便會出現以下視窗：（如圖 2-2-2）

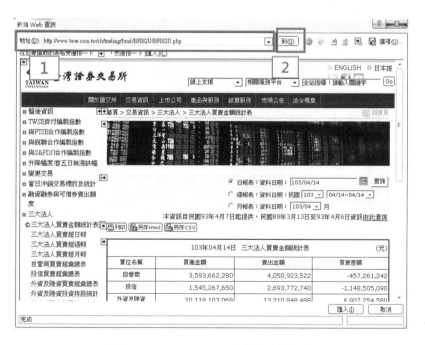

圖 2-2-2　Excel 匯入證交所資料

步驟 4 點選欲擷取資料旁的箭頭符號，並將箭頭符號轉為綠色的打勾符號。再將滑鼠移往「匯入」並點下，隨即出現下列視窗：（如圖 2-2-3）

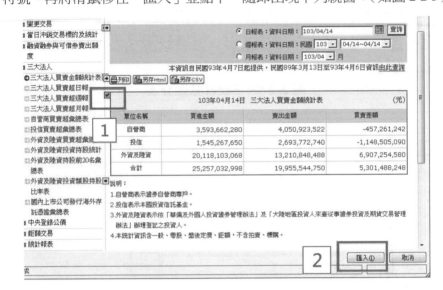

圖 2-2-3　Excel 匯入證交所資料

點選「確定」，可將網頁資料匯入 Excel 當中：（如圖 2-2-4、2-2-5）

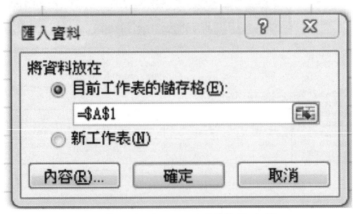

圖 2-2-4　Excel 匯入儲存格

	A	B	C	D
1	103 年 4 月 16 日 三大法人買賣金額統計表(元)			
2	單位名稱	買進金額	賣出金額	買賣差額
3	自營商	6,060,450,150	6,995,890,858	-935,440,708
4	投信	1,403,504,000	1,443,847,590	-40,343,590
5	外資及陸資	27,064,993,624	21,494,522,935	5,570,470,689
6	合計	34,528,947,774	29,934,261,383	
7				
8				
9				

圖 2-2-5　Excel 匯入儲存格之後

步驟 5　利用「資料」→「內容」→「更新」。於每格前方打勾，就可設定更新資料的時間間隔，提高資料的即時性。(如圖 2-2-6)

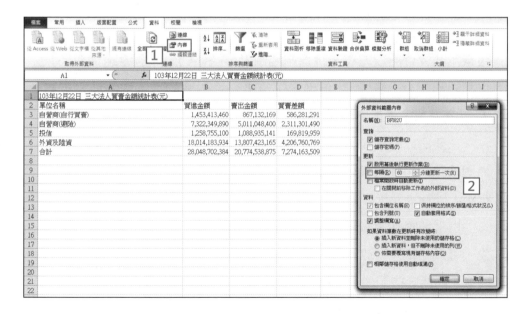

圖 2-2-6　Excel 更新資料方式

雖然台灣證交所的籌碼資料，都是在下午 3 點半左右發布的，但擷取盤中報價資料、買賣超力道也有隨時更新的功能，隨時隨地記錄市場變化，強化操作的穩定性。

2. 整理籌碼資訊的方法

只要每天不懈怠地記錄市場籌碼資訊，便可以一窺市場主要法人間的交互作用，對盤勢造成了什麼影響和衝擊。

2014 年中，有一則新聞指出：社群網頁龍頭 Facebook 透過其用戶，研究人與人之間的情緒傳染能力。調查結果顯示：只要接收到偏正向的資訊，人類自然就會分享較為愉快的新聞或動態；反之，就會分享較悲觀的動態。這也印證了一個市場定理：投資情緒會逐漸感染。

在投資市場，喜歡漲不喜歡跌是人之常情，股市只要持續升溫，報章雜誌就會熱烈報導，跳進市場賺點零花錢的散戶也會愈來愈多。這種心態十分「正常」，但別忘了筆者一再強調的：**人多的地方不要去，「不正常」才能賺到錢。**

主要法人的操作方式，在我們看來都是非常「不正常」的：高點熱潮的時候出脫持股，悲觀冷淡的時候逢低布局。這樣的操作策略，常讓人以為法人忽買忽賣、忽多忽空，沒有定律，但其實不然。

以下簡單利用數學分析，證明法人操作實際上極有關注價值。首先，每天記錄外資買賣超，做個 20 個交易日的累加，並利用 Excel 的圖像化功能，搭配加權股價指數，畫成同一張表格。

經過 20 天累加的外資籌碼資料，雜訊的影響已減低不少，也更清楚地表現盤勢轉折前，外資出現了什麼不同的操作變化。後續就可以

從圖 2-2-7 判斷外資對於後市的想法了。

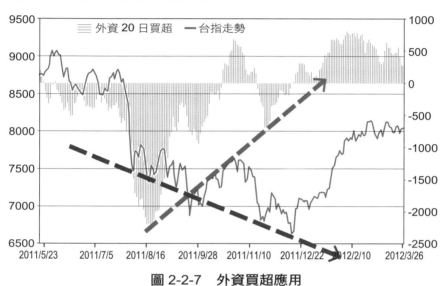

圖 2-2-7　外資買超應用

　　以下舉 2011 年美國降評後的台股走勢為例說明。當時美國公債無預警地出現債權降評事件，許多原本無風險的商品，開始出現變化。原來，一個穩賺不賠的商品，並沒有想像的好，「零風險」實為「有風險」；而且投入美國公債的資金超乎想像地大，國內無論是現貨、期貨、基金或保險，都有可能投資美國公債。眾人於是紛紛猜測：2008 年的金融海嘯，是不是要再次席捲全球了？

　　當時的報章雜誌指出：檯面上的分析者認為內外空方資訊紛來沓至，不但國外出現美股降評危機，國內基本面也出現風險。試問在媒體的持續轟炸下，到底還有誰敢買股票？外資敢！

　　從圖 2-2-7 可以看出：2011 年 8 月降評風險爆發，外資 20 日累積賣超指標大幅下滑，累積賣超來到 -2,000 億元以下；2011 年 9 月，指數

破底，外資雖然也站在賣超，但指標最多僅賣超 1,000 億元，顯示賣超幅度不如以往；到了 2011 年 10 月，台股果然出現了小幅的反彈態勢。

2011 年 12 月指數再度破底，但外資賣超幅度更小，甚至同時間轉為買超，即外資根本視「空方氣氛」為無物，把報章媒體的唱衰當耳邊風，大無畏地買進股票。果然，市場經濟日漸轉佳，美債降評事件彷彿沒發生過；到了 2011 年底，指數打底完成，後續指數又是一路創高。

從上文來看，**簡單的外資 20 天買賣超累加紀錄，就能產生一個不錯的投資策略**，那麼利用加權平均數，或布林通道（Bolinger Bands）[2] 或是其他的數學變化，來整理手上的籌碼資料，搞不好可以衍生出一個更棒的策略呢！

三大法人個股買賣超怎麼找？

除了整體市場的三大法人買賣超之外，相信有不少人是以個股標的投資為主。但要上哪兒找三大法人在個股的操作方式呢？只要利用常見的券商看盤軟體來查詢，以及下載現貨市場三大法人在個股當中操作的歷史資料即可。

以下利用 HTS 為主要平台，並以「台達電」這檔個股為主要範例：

步驟 1 點選技術分析中的「個股技術分析」，或於左上角放大鏡旁的四位數字鍵入欄中，輸入 0605。（如圖 2-2-8）

步驟 2 系統會彈出個股技術分析視窗，此時可鍵入你要查詢的股票，以及想匯出的相關指標。

----

2 又稱布林線指標，是美國著名的證券分析大師約翰・布林格（John Bollinger）建立的判斷股價中長期趨勢的一種分析工具，通常是以 20 天為基期。

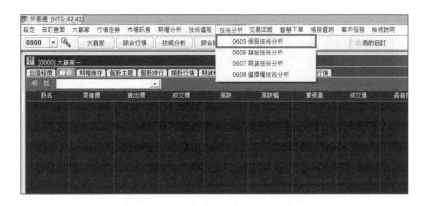

圖 2-2-8 HTS 主畫面

步驟 3 在圖 2-2-9 藍圈所框的欄位中，輸入要查詢的股號，以台達電
為例，輸入代號 2308。

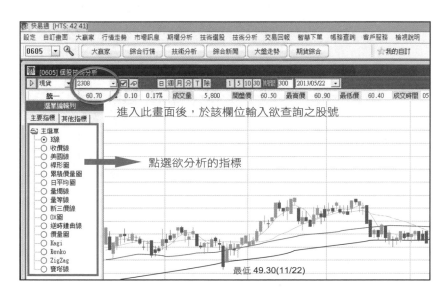

圖 2-2-9 HTS 個股技術分析

步驟 4 點選三大法人指標，以觀察法人當日買賣超。（如圖 2-2-10）

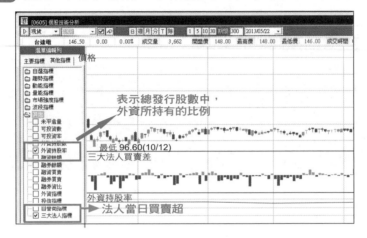

圖 2-2-10　點選外資持股率以及三大法人指標

步驟 5 在看盤的畫面上按右鍵，即可找到匯出至 Excel 的選項，然後點選至儲存至 Excel。（如圖 2-2-11）

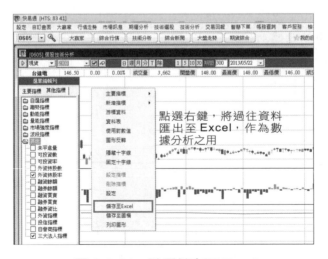

圖 2-2-11　點選儲存至 Excel

步驟 6　接下來會彈出 Excel 視窗，出現目前三大法人買賣張數的歷史資料。（如圖 2-2-12）

	A	B	C	D	E	F	G	H	I	J	K
1	日期	開盤價	最高價	最低價	收盤價	成交量	外資	投信	自營商	合計	外資持股率
2	20120312	85.8	85.8	84.1	84.3	14927	+321 ↑	+486 ↑	-711 ↓	+96 ↑	67.28
3	20120313	85	85.6	84.6	85	7797	+1149 ↑	+147 ↑	-26 ↓	+1270 ↑	67.31 ↑
4	20120314	86.5	89.7	86.2	86.8	20148	+2104 ↑	+348 ↑	+382 ↑	+2834 ↑	67.37 ↑
5	20120315	87.8	88	86.1	86.5	5746	+556 ↑	-45 ↓	-213 ↓	+298 ↑	67.34 ↓
6	20120316	87	87.4	86.2	87.1	7946	+279 ↑	-79 ↓	-160 ↓	+40 ↑	67.37 ↑
7	20120319	88.2	89.6	87.1	88.3	13647	+4465 ↑	-1061 ↓	-430 ↓	+2974 ↑	67.55 ↑
8	20120320	88.5	89.2	86.6	87.5	9744	+2821 ↑	+1 ↑	-141 ↓	+2681 ↑	67.67 ↑
9	20120321	88.7	91.4	88.5	91.2	20626	+9168 ↑	+440 ↑	+114 ↑	+9722 ↑	68.05 ↑
10	20120322	91	91.4	90.2	90.6	10955	+2597 ↑	+220 ↑	-8 ↓	+2809 ↑	68.16 ↑
11	20120323	90	90.3	89.2	90	7017	+1059 ↑	-48 ↓	+25 ↑	+1036 ↑	68.20 ↑
12	20120326	90	90	86.2	87	11872	-1773 ↓	-480 ↓	-199 ↓	-2452 ↓	68.27 ↑
13	20120327	88	89.5	86.5	89.5	7456	+3937 ↑	+5 ↑	-106 ↓	+3836 ↑	68.43 ↑
14	20120328	90.6	90.7	88.8	89	5445	+1711 ↑	-42 ↓	-154 ↓	+1515 ↑	68.51 ↑
15	20120329	89	89	86.5	87	8134	+2171 ↑	0	-153 ↓	+2018 ↑	68.59 ↑
16	20120330	86	86.5	85.2	86.5	6311	-2009 ↓	+30 ↑	+92 ↑	-1887 ↓	68.51 ↓
17	20120402	86.5	86.5	84.3	84.4	5308	-1025 ↓	+79 ↑	-103 ↓	-1049 ↓	68.34 ↓
18	20120403	85.5	85.5	83.4	84	5743	+1541 ↑	0	-26 ↓	+1515 ↑	68.4 ↑
19	20120405	82.5	86.5	80.6	86.5	11420	+2795 ↑	-2 ↓	+99 ↑	+2892 ↑	68.51 ↑
20	20120406	85.9	85.9	84.2	84.6	1517	-2718 ↓	-93 ↓	+74 ↑	-2737 ↓	68.40 ↓

圖 2-2-12　資料匯出至 Excel，大功告成！

　　Excel 圖像化以及取得三大法人籌碼歷史資料，可以說是研究籌碼面最重要的必備技能，你非學不可！

2-3 每日必做功課 2：觀察三大法人期貨留倉淨額

　　除了證交所會在盤後公布三大法人的買賣超之外，在台灣期貨交易所，也能看到當日三大法人在期貨市場上留下的軌跡。

　　報章媒體的盤後資訊，常會出現較為片面的言論，好比說：2014年1月13日，外資巨人在現貨市場上連續買超了10個交易日，這就是所謂的「外資看多」嗎？雖然外資現貨買超幅度和盤勢漲跌的相關性很高，但這樣的觀察還是稍嫌簡略。

法人期貨留倉狀況，是市場另一面鏡子

　　從上例後續的盤勢中可以發現：2014年1月13日台股的收盤價在8,566點。過了10個交易日後的1月24日，雖然外資在現貨市場上總共買超了304億元，但加權股價指數卻沒有明顯向上走強，僅攀升了32點來到8,598點，甚至在第二天的交易日1月27日，跳空大跌135點（見圖2-3-1）。外資巨人會甘心遭到這樣的虧損嗎？

　　當然不會！台灣有三大市場：現貨、期貨以及選擇權市場，主要參與市場的巨人各據一方，例如**外資在期現貨市場、投信在中小型類股市場、自營在選擇權市場，都有各自的一片天地**，除了避險、其他資產配置需求之外，這些主要參與者還會在市場中分批、分項持續布局。

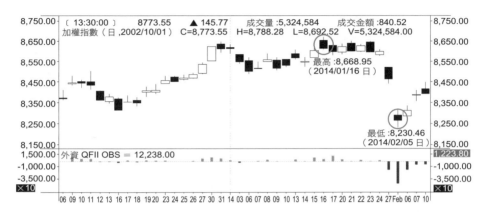

圖 2-3-1 單看法人現貨買賣超判斷多空，仍稍嫌偏頗

以剛剛的範例來說，外資雖然在現貨市場上連續買超 10 天，但在期貨市場卻抱持空方部位。在這 10 個交易日當中，外資手中淨空單留倉最高到 14,000 口以上。這麼講你可能不太有概念，我們先轉換成價值的概念，應該就比較好理解了。

以外資布局空單的時期來看，期貨指數的中位數是 8,252，如果外資操作期貨沒有用任何槓桿，只用單純一口期貨的合約價值來操作，那外資等於在這個時期架構了 240.29 億元的空方部位（以中位數 8,582 一倍槓桿來計算，8,582×200×14,000 ＝ 240.29 億元）。

所以整體來看，外資巨人在這段時期並不像現貨市場的買超一樣，抱持明顯的偏多看法。在整體期現貨布局金額，現貨偏多、期貨偏空的情況之下，外資在這段時期，其實是以中性操作策略為主。

換句話說，在這個時期，外資買了多少金額的現貨多方部位，就搭配一定比率的期貨空方部位，這是一種「防禦盤面出現大跌風險」的操作方式。（見表 2-3-1）

表 2-3-1　外資現貨與期貨部位的搭配

日期	外資現貨買超（億元）	外資期貨留倉水位（口）	外資期貨留倉淨額（億元）
20140124	18.96	-8657	-191.12
20140123	3.58	-14807	-301.76
20140122	26.33	-10873	-229.38
20140121	3.24	-13433	-275.41
20140120	36.60	-10295	-216.00
20140117	53.45	-12209	-253.62
20140116	47.15	-10308	-223.84
20140115	76.54	-8050	-175.20
20140114	0.94	-11901	-264.08
20140113	38.16	-10558	-240.85

　　在法人影響力極大的台灣市場，無論你要玩現貨或期貨，千萬不可忽略期貨三大法人留倉的數據。台灣期貨交易所網站公布的「期貨籌碼資訊」中，除了當日各類期貨、選擇權的開高低收之外，還包含了結算價、法人每日成交量與未平倉量多空狀況，都可以拿來分析以及利用。

蒐集三大法人期貨籌碼

　　本節重點在三大法人期貨留倉狀況，以下以實例來解讀這些資訊。三大法人的期貨留倉，可以到台灣期貨交易所蒐集。首先，搜尋台灣期貨交易所或利用下列網址——http://www.taifex.com.tw/chinese/index.asp。登入期交所網站後，即可看到期貨交易所的首頁，重點就在畫面的左上角。

步驟 1 點選「交易資訊」，接下來會出現下拉式選單。（見圖 2-3-2）

圖 2-3-2　期交所首頁「交易資訊」的下拉式選單

步驟2　下拉式選單裡有很多籌碼揭露資料：除了每日各個商品的盤
後開、高、低、結算價外，還有三大法人、大額交易人，以及其他相
關交易歷史資料申請等選項。（見圖 2-3-3）

圖 2-3-3　三大法人下拉式選單

　　先把心力放在最重要的三大法人留倉狀況，點選進入三大法人的
網頁之後，首先要注意左邊的選單。（見圖 2-3-4）

圖 2-3-4　三大法人網頁

　　左邊選單內容計有：

　　1. 總表：外資、投信、自營商等法人在期貨、選擇權契約交易以
及留倉的統計數字。

　　2. 區分期貨和選擇權二類：外資、投信、自營商在整體期貨契約
的交易與留倉合計數字。以及外資、投信、自營商在整體選擇權契約
的交易與留倉合計數字。

　　3. 區分各期貨契約：這個部分也是投資人應當關注的重點。由於
前述的兩個類別，包含了所有的台指、電子、金融、黃金、公債、股

票期貨（選擇權）合約，所以觀察這兩個類別的數字時，必須消除很多雜訊；因此可以用「區分各期貨契約」，來擷取單一「台指期貨」的法人留倉資料。若主要操作的是電子類股或金融類股，也可以利用法人在分類期貨的留倉狀況，來判斷市場巨人在這兩類股的操作策略。

　　利用圖 2-3-4 中的第二個方塊，點選台股期貨，再點選送出查詢。接下來就會如圖 2-3-5 般，出現當天三大法人多空交易口數、淨額(1)、未平倉的多空留倉口數、相差的留倉淨口數(2)。

期貨契約
單位：口數；千元（含鉅額交易）　　　　　　　　　　　　　　　　　　　日期：2014/10/28

序號	商品名稱	身分別	交易口數與契約金額						未平倉餘額					
			多方		空方		多空淨額		多方		空方		多空淨額	
			口數	契約金額	口數	契約金額	口數	契約金額	口數	契約金額	口數	契約金額	口數	契約金額
1	台股期貨	自營商	22,222	38,938,278	21,118	37,016,892	1,104	1,921,386	6,237	10,951,603	9,073	15,942,194	-2,836	-4,990,591
		投信	505	884,411	233	409,009	272	475,402	1,254	2,204,956	435	764,904	819	1,440,052
		外資	32,173	56,364,439	28,308	49,608,380	3,865	6,756,059	33,341	58,615,505	36,725	64,555,781	-3,384	-5,940,276

圖 2-3-5　期貨三大法人資料顯現

　　有了每天的交易資料後，便可以利用 Excel 每天更新，記錄主要法人在台指期貨合約的操作及留倉等變化，甚至可以下載歷史資料，以強化你手邊的資料庫。等到資料庫完整後，就可以開始針對歷史資料，研發能夠獲利的交易策略了。

統計期貨籌碼前，應先明確定義統計項目

　　單看一項籌碼數據還不夠，一定要觀察完整的期、現、權市場的**籌碼狀況，才能增加判斷指數多空的準確度，**若輕忽主要法人在各市場不同的操作性質和模式，可能會誤判局勢。

歷史上曾經有樁著名的悲劇：1990 年代，英國婦人莎莉・克拉克的兩個孩子在出生不久後，因為不明原因都夭折了。這樁案件引起檢察官的注意，於是指控莎莉殺嬰。由於沒有具體事證，證明莎莉殺害了兩個孩子，因此檢察官找來兒童病理專家支援，希望藉由專家知識，讓莎莉得到應有的懲罰。

病理專家認為，英國發生嬰兒促死症的機率僅有 8,400 分之 1，因此莎莉的兩個孩子連續死於嬰兒促死症，機率僅僅只有 7,056 萬分之一。當時英國每年平均只有 70 萬個新生兒，這個個案可以說是百年難得一見。雖然當時的數學專家呼籲，這樣的算法大有問題，但基於當時輿論與陪審團的教育程度，莎莉還是被判有罪，鋃鐺入獄。

現在看來，當時病理專家的推論出現很大漏洞：嬰兒促死症發生的機率雖然很小，但環境污染、遺傳基因缺陷、生活習慣差異，都可能造成促死症的發生。雖然在各方保薦以及新病理學報告出爐之後，莎莉獲得平反，但在家破人亡的衝擊下，莎莉的精神狀況一直沒有恢復，最後在 2007 年猝死家中。

「定義不明確」在這樁冤案中要負最大責任。忽略事件背後的邏輯和定義，輕率進行粗淺的統計，也是投資人應該避免的研究心態，唯有了解法人強項以及操作偏好，才能事倍功半。

法人未平倉部位，是最好的入門指標

為了更清楚市場巨人的操作意圖，得先了解各分類商品細項。但還沒走路就要學跑步，實在強人所難，各位不妨從簡潔有力的法人「未平倉量」（Open Interest，簡稱 OI）開始學習，相信會是「了解期

貨市場上法人動態」最好的入門知識。

「未平倉量」是指：在期貨或選擇權交易收盤後，結算當天市場上，所有尚未結清的買進部位或賣出部位的總和；也就是在市場收盤後，所有多方操作者還持有的多方部位，加上所有空方操作者所持有的賣出部位的總和。

若收盤後期交所公布的期貨未平倉量中，三大法人合計為淨多單留倉，便可以「假設」：市場上主要法人對於台股未來走勢偏向樂觀。反之，若三大法人合計為淨空單留倉，則可以「假設」：主要操作者認為未來盤勢偏向空方。

為什麼用「假設」一詞呢？除了主要法人可能還擁有現貨或選擇權部位之外，中間還夾雜了留倉多（空）單絕對值的增加或減少、主要法人留倉單成交的均價、目前市場價格的位階等關鍵變異，這些都是必須考慮的重點。如果單就期貨留倉單的狀況來判斷多空，很容易出現嚴重的盲點。

以下範例可以減少你還沒有注意到的操作盲點：三大法人期貨未平倉量，主要針對外資、自營商與投信未結清部位狀況的表述，如圖 2-3-6 所示，2014 年 5 月 22 日，外資留倉淨多單 27,566 口：

	未平倉口數與契約金額					
	多方		空方		多空淨額	
身分別	口數	契約金額	口數	契約金額	口數	契約金額
自營商	212,854	19,393	204,568	19,460	8,286	-67
投信	1,724	2,510	3,477	784	-1,753	1,726
外資	292,583	82,004	265,017	32,995	27,566	49,009
合計	507,161	103,907	473,062	53,239	34,099	50,668

圖 2-3-6　三大法人未平倉口數

其中的計算式很簡單：

全體外資未平倉量多單（292,583 口）－未平倉量空單（265,017 口）＝外資持倉淨多單（27,566 口）。

這表示外資留倉多方部位高於留倉空方部位，目前外資的留倉部位有利於盤勢的多方格局。

法人留倉並非淨多空單愈大，指標性愈強

金融市場的運作，簡單來說只有一句話：「錢多就大聲。」三大法人之中，又以外資法人資源最廣、口袋最深，所以在籌碼面上，整體台股的觀察重點在於外資法人。

若單純以法人期貨留倉狀況的絕對值來判別多空，還是稍嫌薄弱，因為絕對值有時會隨時間鈍化。例如：如果外資留倉達到 2 萬多口，那後續整體盤勢會繼續向上突破嗎？不一定，甚至會出現最不具代表性的 50%比 50%。

根據歷史統計結果來看，外資留倉淨多單僅有 4、5 千口時，指數後勢的上漲機率及幅度，反而會比留倉淨多單 2 萬口以上留倉的狀況好。以下為外資在 2014 年 4 月時的操作方式。

以圖 2-3-7 來看，外資在 4 月 28 日大增手中多單 7,237 口，使得留倉淨多單來到 21,683 口，但整體指數卻不如市場預期的大漲，僅僅小幅上揚 62 點。相反地，當 4 月 29 日，外資小幅減碼留倉淨多單1,529 口，搭配小賣現貨 14.38 億元，造成台股大跌 80 點。

圖 2-3-7　三大法人留倉淨多單增減情形

4/30：外資減少多單 2576 口，因此仍要提防指數自高檔反轉

法人籌碼		外資	自營	投信	總和（億）
現貨買賣超		-30.07	-16.73	0.29	-46.51
2014/4/30	台指期淨口數	17,578	-4,342	593	13,829
2014/4/29	台指期淨口數	20,154	-5,938	654	14,870
淨口數變化		-2,576	1,596	-61	-1,041
期權淨額		286.38	-94.38	11.91	203.91
淨額變化		-50.27	2.17	-1.79	-49.89

4/29：外資減少手中多單 1,529 口，4/30 大跌 80 點

法人籌碼		外資	自營	投信	總和（億）
現貨買賣超		-14.39	8.48	6.44	0.53
2014/4/29	台指期淨口數	20,154	-5,938	654	14,870
2014/4/28	台指期淨口數	21,683	-6,682	554	15,555
淨口數變化		-1,529	744	100	-685
期權淨額		336.65	-96.55	13.70	253.80
淨額變化		-27.66	13.37	2.19	-12.10

4/28：外資大幅增加手中多單 7,237 口，4/29 續漲 62 點

法人籌碼		外資	自營	投信	總和（億）
現貨買賣超		39.80	8.56	-8.17	40.19
2014/4/28	台指期淨口數	21,683	-6,682	554	1,555
2014/4/25	台指期淨口數	14,446	-4,292	488	10,642
淨口數變化		7,237	-2,390	66	4,913
期權淨額		364.31	-109.92	11.51	265.90
淨額變化		133.95	-24.41	1.66	-111.20

　　如此不符合比率原則的狀況，是不是有點像經濟學中的「邊際效應遞減」？而「邊際效應遞減」又是什麼呢？

　　舉例說明：小馬逛夜市時，花了 30 元嗑掉一碗超好吃的蚵仔麵線後，他的飽足感從 0％上升到 70％。這美妙的感覺讓小馬意猶未盡，因此又花了 30 元續了第二碗蚵仔麵線。但這次的飽足感只從 70％上升到 98％，好吃的程度也沒那麼令小馬驚艷。同樣都花了 30 元、吃了同樣的麵線，但好吃、飽足程度卻沒有第一碗來得高，這就是所謂的「邊際效應遞減」。

　　主要法人籌碼的累積狀況，與當前市場的位階，以及其他投資人的信心程度，加上主要法人留倉的成本價位，都可能造成高水位的多（空）單，而且不一定僅出現高漲（跌）幅的邊際效應遞減，甚至可能發生盤勢反轉的背離格局。所以必須根據主力法人的操作慣性，配合當時市場的整體狀況，才能更精準預測指數後續的脈動。

用歷史數據分析回測

　　為了讓預測能更簡潔明瞭，可以透過歷史回測的方式，解析出指數上漲或下跌的機率；機率的概念可以讓多、空操作以及加碼動態更為明確，並有所根據。

　　在此提供一個簡單的歷史數據統計分析回測範例：

回測期間：2007 年 7 月 2 日～ 2013 年 1 月 25 日

回測條件：外資留倉淨空單超過 15,000 口

回測目的：找出隔日、後三日與後五日台股指數走向為何？

回測結果：

1. 歷史共出現 49 次。

2. 指數回檔的機率高達 63.27％。

3. 平均點跌 134.34 點。

4. 後三日下跌機率降至 55.1％。

5. 後五日更降到 48.98％。（見表 2-3-2）

表 2-3-2　外資留倉淨空單超過 15,000 口，後續台股漲數漲跌情形

日期	漲／跌	次數	機率	平均漲跌點
後一日	↑	18	36.73%	110.18
	↓	31	**63.27**%	-134.35
後三日	↑	22	44.90%	129.66
	↓	27	55.10%	-252.25
後五日	↑	25	51.02%	195.27
	↓	24	48.98%	-333.02

從此項回測結論可以得知，**如果外資籌碼來到高檔的 15,000 口以上，則盤勢後續買超的動能可能會比較收斂，且在低檔多方動能邊際效應遞減下，短線盤勢甚至會浮現逆風，造成盤面的震盪。**

類似此異常狀況很可能牽動其餘交易者的操作心態，成為影響未來盤勢的重點催化劑。也因為如此，會成為我們很好的回測因子。

除了出現籌碼異常狀況之外，還可根據技術面來做歷史回測。例如：5 日平均線線上穿越 60 日季線的正向黃金交叉型態、長黑 K 後帶著小紅 K 棒的反轉型態、指數在未來走強的機率，都可以拿來做為回測的素材。藉由回測結果去蕪存菁，留下高勝率原因，強化現有的策略。

法人期貨留倉淨額 200 億為判別基準

以上述的回測範例延伸來說，單從法人的留倉絕對值，很難判斷及預測大盤指數的多空動向、漲跌幅度。法人如果自盤勢低檔，順著多方趨勢慢慢布局多單，當指數來到高點時，法人留倉勢必會到達近年來的高水位；但高水位的多單留倉，就表示後續指數還會再大漲嗎？當然不是，因為指數要上攻，需要更多的資金，如果法人持倉部

位已滿，後續追價的力道可能就會減緩。

　　另一方面，當指數 2,000 點要漲到 4,000 點（100％的漲幅）需要的資金，絕對是比 8,000 點漲到 16,000 點（同樣是 100％的漲幅）需要的資金數目絕對是不相同的。但台股市場的性質及胃納量沒這麼大，一般投資人在台股上萬點的情況下，追價意願恐怕也會大幅萎縮，使得短線進出成為常態。因此，單就期貨多空單的留倉水位，判斷後續指數上漲或下跌，一定會出現誤差。

　　為了化解這種誤差因素，可以利用期貨淨額，明確了解主要法人留倉的價值有多少，以判斷法人的留倉成本大概有多少。

怎麼計算期貨淨額？

　　期貨淨額為目前法人在期貨市場留倉部位金額的合計，包括指數類期貨契約、選擇權契約、股票期貨契約、股票選擇權契約。

　　「多方」是指：交易人看多指數之交易或未平倉口數，包括買進期貨、買進選擇權買權、賣出選擇權賣權。「空方」則是指：交易人看空指數之交易或未平倉口數，包括賣出期貨、賣出選擇權買權、買進選擇權賣權。

　　計算方式如下：

　　1. 期　貨＝每筆交易價格 × 契約乘數 × 未平倉口數，然後將各筆交易加總。

　　2. 選擇權＝每筆交易權利金 × 契約乘數 × 未平倉口數，然後將各筆交易加總。

　　利用期貨淨額判別台股行情，一般都以 0 為分界。若目前法人期貨淨額大於 0，表示目前法人留倉總部位偏多；若法人期貨淨額小於 0，表示目前法人留倉總部位偏空。但由於法人期貨部位中，存有投機與避險兩大部分，留倉淨額數值的絕對值偏低，往往會混淆了判定。

　　因此，在使用期貨淨額上，通常以 200 億為強弱程度的辨別條件。法人期貨淨額大於 200 億，判定為籌碼面的多方因子；法人期貨淨額小於 — 200 億[3]，則判定為籌碼面的空方因素。**所以在此可以做個小結論：期貨淨額淨多（空）大於 200 億，盤勢偏多（空）。**

----

3 根據統計，外資只要期貨淨額達到 ±200 億元時，將為區分多空的重要分水嶺，其中主要的原因在於：外資操作全世界不同期貨市場的資金水位是有限的，根據過往經驗，如果外資將超過 200 億的資金水位投入期貨多或空單時，表示對於掌握後續盤勢有相當程度的信心。

2-4 每日必做功課 3：
追蹤十大交易人與十大特定法人資訊

　　期交所的揭露資料中，還有一個多數人會忽略的重點，那就是：大額交易人持倉狀況。但台股盤後資訊不是只能看到三大法人嗎？其實期交所另有揭露所謂十大、五大特定法人以及十大、五大交易人[4] 每天的留倉水位和變化。（見圖 2-4-1）

期貨大額交易人未沖銷部位結構表

日期：2014/5/16

契約：全部

送出查詢	回前一頁
說明	前一日	後一日

2014/5/16

契約名稱	到期月份(週別)	買方				賣方				全市場未沖銷部位數
		前五大交易人合計(特定法人合計)		前十大交易人合計(特定法人合計)		前五大交易人合計(特定法人合計)		前十大交易人合計(特定法人合計)		
		部位數	百分比	部位數	百分比	部位數	百分比	部位數	百分比	
台股期貨(TX+MTX/4)	2014 05	19,142(14,142)	31.7%(23.4%)	27.861(21,083)	46.1%(34.9%)	18,416(14,111)	30.5%(23.3%)	24,117(16,442)	39.9%(27.2%)	60,452
	所有契約	22,101(17,101)	26.5%(20.5%)	34,592(26,481)	41.5%(31.8%)	21,514(16,609)	25.8%(19.9%)	29,604(18,691)	35.6%(22.5%)	83,255

圖 2-4-1　期交所揭露十大交易人與特定法人的網站

http://www.taifex.com.tw/chinese/3/7_8.asp

---

4 大額交易人留倉未平倉量為淨多（空）單，行情偏多（空）
　(1)前十大交易人：即各商品未沖銷部位排名前十名交易人。
　(2)前十大特定法人：即包括證券商（身分碼 H）、外國機構投資人及陸資（身分碼 A.B.F.T）、證券投資信託基金（身分碼 E.G）、國家金融安定基金、公務人員退休撫卹基金、勞工退休基金、勞工保險基金、郵政儲金匯業局郵政資金（以上身分碼 L）、金融（身分碼 D）及保險機構（身分碼 M）等。

　　哪些投資族群是所謂的「特定法人」呢？就是擁有特定證券商、外國機構投資人、證券投資信託基金、國家四大基金或其他金融業、保險機構身分的交易人。而十大（五大）交易人就是：一般自然人、包含上述帶有法人色彩的投資人之中，手中留倉部位由多至寡前十名的排序。

　　這些機構法人或擁有龐大金額投資部位的操作者，對於盤面都有代表性的影響。因此，大額交易人未沖銷部位資訊，也就是重點交易者的持倉分布，也相當值得究竟。

　　在網站揭露的資訊中，大額交易人未沖銷部位的結構資訊除了期貨部位之外，還有選擇權市場上大額交易人的留倉狀況，分為買進買權（buy call）、買進賣權（buy put）、賣出買權（sell call）、以及賣出賣權（sell put）四種不同方式。但礙於版面有限，且代表性較不明確，因此本書對此並無太多著墨，而是將重點先擺放在十大（五大）交易人的期貨留倉狀況。

判別大額交易人留倉心態的兩種方式

　　一般來說，觀察大額交易人留倉狀況，並判別其心態的方式，有以下兩種：

方式 1　比照三大法人的判別方式

　　由於大額交易人、三大法人皆屬於大部位資金族群，操作邏輯上也大致相同，都是以累加布局，獲取趨勢以及波段單的利潤。所以，如果大額交易人留倉未平倉量偏多，就有利於指數推升；如果大額交易人留倉未平倉量偏空，則指數會有修正的風險。

方式2 使用近月與全月淨多空數據判別

　　另一個觀察大額交易人留倉未平倉部位的重點為：在結算前幾日，可用近月與全月的數據，來觀察法人轉倉的情形，以便判別結算與結算之後的行情。

　　以下第一個範例為 2013 年 1 月 24 日十大交易人與特定法人持倉表：（見圖 2-4-2）

2013/1/24

契約名稱	到期月份（週別）	買方				賣方				全市場未沖銷部位數
		前五大交易人合計（特定法人合計）		前十大交易人合計（特定法人合計）		前五大交易人合計（特定法人合計）		前十大交易人合計（特定法人合計）		
		部位數	百分比	部位數	百分比	部位數	百分比	部位數	百分比	
台股期貨	201302	16.163（16.163）	28%（28%）	24,003（22,539）	41.5%（39%）	23,274（23,274）	40.3%（40.3%）	28,319（27,530）	49%（47.6%）	57,805
	所有契約	16,893（16,893）	26.2%（26.2%）	25,400（23,936）	39.4%（37.2%）	23,434（23,434）	36.4%（36.4%）	29,473（28,684）	45%（44.5%）	64,401

圖 2-4-2　大額交易人籌碼資訊

　　從圖 2-4-2 中可以看出，期交所在台股期貨當中，公布了兩個主要的區塊。第一個區塊是：大額交易人在近月合約留倉狀況；第二個區塊則是：大額交易人在所有月份合約留倉狀況。因此可用下列的簡單計算，判斷目前法人在遠月合約轉倉的狀況。

　　近月淨多空＝近月買方未平倉量－近月賣方未平倉量

　　　　　　　　＝ 24,003 － 28,319 ＝－ 4,316

　　全月淨多空＝全月買方未平倉量－全月賣方未平倉量

　　　　　　　　＝ 25,400 － 29,473 ＝－ 4,073

　　遠月淨多空＝全月淨多空－近月淨多空

$$= -4,073 - (-4,316) = 243$$

　　從以上簡單的計算結果可看出：雖然近月十大交易人留倉部位偏向空方，但在遠月留倉布局卻屬於微幅偏多態勢。主要法人對於次月合約看法還是偏向正面，因此才會在遠月合約偏向多方。對於後市的判斷，也可以用相對偏多的角度，看待指數的走勢。

用 Excel 圖像化法人籌碼狀態

　　光從數字很難看出來法人籌碼累加的狀態，因此可以利用 Excel 圖像化的功能，試著架構一個大額交易人籌碼布局圖。以下以 2013 年 1 月 15 日大額交易人留倉狀況做範例。（見圖 2-4-3）

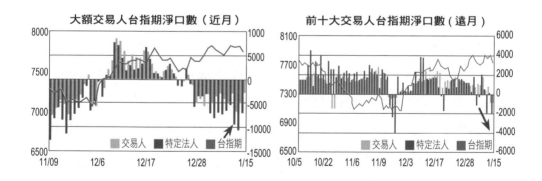

圖 2-4-3　2013 年 1 月合約大額交易人結算前近遠月合約留倉 OI 佈局

　　從圖 2-4-3 中可看到：2013 年 1 月 15 日在十大交易人，近月合約留倉淨空單 2,690 口，遠月留倉淨空單為 4,584 口，而十大特定法人部

分，近月合約留倉淨空單 7,066 口，遠月份留倉淨空單為 3,840 口。

在當日籌碼變化上，十大交易人近月空單雖減少 2,252 口，但遠月淨空單增加 3,741 口。十大特定法人近月淨空單減少 3,479 口，遠月則由淨多單 127 口轉為淨空單 3,840 口。

從圖 2-4-3 也可明確發現：近月合約空單減少，遠月合約空單增加。主要法人是以空方轉倉策略來拉長戰線，目的是在下個月合約繼續打壓台股。因此結算後，布局仍為空單持倉，未來投資人還是要謹慎為上。

您瞧，利用圖像化來研判法人籌碼意圖就是這麼簡單，趕快放下書本試試看吧！

從看盤軟體就能找到歷史資料

開始記錄法人籌碼後之後，通常會發現一個問題：市面上大部分的看盤軟體，並沒有支援期貨法人、大額交易人留倉的歷史資料狀況。

有鑑於此，在此提供一個管道，可以下載近年來，主要法人在期權市場的買賣資料。有了這樣的資料來源，不但可以讓你的法人籌碼資料庫更完整，也可以根據這些歷史資料，做相關性、顯著性、標準化，甚至是法人交互對價賽局策略，讓你的交易邏輯、觀察盤勢能力瞬間增加不少經驗值。

首先搜尋「三大法人下載」，或點選以下連結：

http://www.taifex.com.tw/chinese/3/dl_7_12_6.asp

電腦瀏覽器會連向期交所的下載網頁：（見圖 2-4-4 及圖 2-4-5）

圖 2-4-4　期交所的下載網頁

☗ 首頁 > 交易資訊 > 資料下載專區 > 交易資訊 > 三大法人-下載 > 總表-依日期

交易資訊

　　➕ 盤後資訊

　　➕ 三大法人

　　➕ 大額交易人未沖銷部位結構

　　◻ 每日外幣參考匯率查詢

　　◻ 交易歷史資料申請

　　➖ 資料下載專區

　　　➖ 交易資訊

　　　　➕ 盤後資訊-期貨

　　　　➕ 盤後資訊-選擇權

　　　　➕ 盤後資訊-鉅額交易

　　　➖ 三大法人-下載

　　　　　總表-依日期

總表-依日期

• 本表僅包含本公司指數類別

• 「多方」係指交易人看多持
　係指交易人看空指數之交易

• 「契約金額」係以當日交易

　　1. 期貨：以每筆交易價村

　　2. 選擇權：以每筆交易村

　　3. 未平倉契約金額以各期

• 期交所公告之三大法人交易
　空方或多空淨額，僅代表買
　人整體之交易策略。

• 三大法人交易資訊之公佈
　宜特別注意，以免對市場村

圖 2-4-5　三大法人歷史資料下載

　　網頁中有兩個重要的區塊：可以在盤後資料的區塊（即圖 2-4-4 中的 1）點選期貨選擇權收盤後的結算價、成交量等資料。此外，也可以點選三大法人的期貨、選擇權歷史資料（如圖 2-4-5）；再下面一列也有期交所提供的大額交易人期貨、選擇權未沖銷部位增減的資料，涵蓋的範圍非常廣，可以強化交易策略的研發。

　　圖 2-4-4 中的區塊 2 則可填入想要下載的資訊的時間點，但只有近三年的原始資料。因此後續資料的保存，還是需要恆心和毅力，把它當成每日必做的功課。

　　選定好要下載的時間點後，點選下載鈕，隨後就出現歷史資料的 .CSV 檔。（見圖 2-4-6）

2014

	A	B	C	D	E	F	G	H	I	J	K	L	M
1	日期	身分別	多方交易口數	多方交易契約金額（百萬元）	空方交易口數	空方交易契約金額（百萬元）	多空交易口數淨額	多空交易契約金額（百萬元）	多方未平倉口數	多方未平倉契約金額（百萬元）	空方未平倉口數	空方未平倉契約金額（百萬元）	多空未平倉口數淨額
2	5/2	自營商	241,556	30,215	231,065	27,174	10,491	3,041	325,808	23,993	314,692	30,602	11,116
3	5/2	投信	445	385	86	149	359	236	1,247	2,038	2,370	600	-1,123
4	5/2	外資及陸資	79,603	55,649	65,846	46,334	13,757	9,315	319,599	77,321	294,725	38,906	24,874
5	5/5	自營商	240,331	34,017	270,126	31,093	-29,795	2,924	324,232	27,261	342,902	30,941	-18,670
6	5/5	投信	310	184	121	184	189	0	1,248	2,051	2,182	613	-934
7	5/5	外資及陸資	55,182	42,146	66,237	52,254	-11,055	-10,108	314,445	67,477	300,398	39,229	14,047
8	5/6	自營商	305,966	35,434	286,295	34,934	19,671	500	351,315	28,278	350,341	31,531	974
9	5/6	投信	724	239	406	160	318	79	1,326	2,188	1,942	663	-616
10	5/6	外資及陸資	61,639	17,610	61,508	15,778	3,131	1,832	319,524	71,434	302,520	11,152	17,001
11	5/7	自營商	280,676	33,599	299,481	32,333	-18,805	1,266	307,940	27,057	333,688	29,112	-25,748
12	5/7	投信	258	93	169	279	89	-186	1,223	2,006	1,750	673	-527
13	5/7	外資及陸資	71,407	65,720	76,825	68,207	-5,418	-2,487	319,746	71,351	310,352	43,662	9,394
14	5/8	自營商	255,702	29,782	243,848	26,171	11,854	3,611	339,853	30,125	353,738	28,608	-13,885

圖 2-4-6　歷史資料的 .CSV 檔

　　不過，以上的原始資料還是過於複雜，因此可利用「資料」中的
「篩選」功能，挑出目標分析項目。（見圖 2-4-7）

圖 2-4-7　Excel 的篩選功能

　　假設想要挑出「外資以及陸資」的資料，可以先點選第一列，然
後再點選「篩選」。（見圖 2-4-8）

	A	B	C	D	E	F	G	H	I
1	日期	身份別	多方交易口數	多方交易口	空方交易口數	空方交易	多空交易口數淨額	多空交易	多方未平
2	2014/5/2	自營商	241556	30215	231065	27174	10491	3041	325808
3	2014/5/2	投信	445	385	86	149	359	236	1247
4	2014/5/2	外資及陸資	79603	55649	65846	46334	13757	9315	319599
5	2014/5/5	自營商	240331	34017	270126	31093	-29795	2924	324232
6	2014/5/5	投信	310	184	121	184	189	0	1248
7	2014/5/5	外資及陸資	55182	42146	66237	52254	-11055	-10108	314445
8	2014/5/6	自營商	205066	25424	286205	24024	10671	500	351215

圖 2-4-8　先點選第一列，再點選「篩選」

　　在第一列的每一欄裡，會出現一個下拉式箭頭：（見圖 2-4-9）

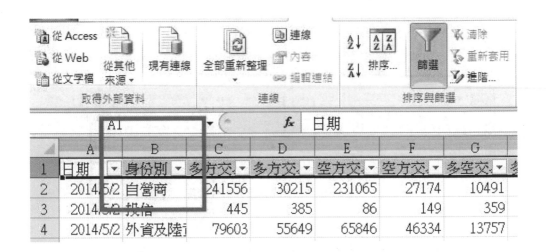

圖 2-4-9　第一列每欄都有下拉式箭頭

點選身分別的下拉式箭頭，勾選外資及陸資後，點選確定：（見圖
2-4-10）

圖 2-4-10　勾選外資及陸資

　　剩下來的資料，就會以「外資及陸資」為主，後續的分析也會更簡單方便。（見圖 2-4-11）

	A	B	C	D	E	F	G	H	I	J	K	L	M
1	日期	身份別	多方交	多方交	空方交	空方交	多空交	多空交	多方未	多方未	空方未	空方未	多空未
4	2014/5/2	外資及陸資	79603	55649	65846	46334	13757	9315	319599	77321	294725	38906	24874
7	2014/5/5	外資及陸資	55182	42146	66237	52254	-11055	-10108	314445	67477	300398	39229	14047
10	2014/5/6	外資及陸資	64639	47610	61508	45778	3131	1832	319524	71434	302520	41152	17004
13	2014/5/7	外資及陸資	71407	65720	76825	68207	-5418	-2487	319746	71351	310352	43662	9394
16	2014/5/8	外資及陸資	70974	60059	65393	56728	5581	3331	327149	74586	312207	43369	14942
19	2014/5/9	外資及陸資	52093	40367	64929	52828	-12836	-12461	324264	68462	321762	49895	2502
22	2014/5/12	外資及陸資	70045	54699	75578	54766	-5533	-67	323147	68313	326166	49894	-3019
25	2014/5/13	外資及陸資	66342	53319	56597	45514	9745	7805	331413	74855	324681	48618	6732
28	2014/5/14	外資及陸資	76101	54339	60782	44025	15319	10314	345274	82812	323642	46179	21632
31	2014/5/15	外資及陸資	43482	33744	52510	40752	-9028	-7008	344006	77647	331357	48060	12649
34	2014/5/16	外資及陸資	66151	57210	72276	58433	-6125	-1223	348969	80556	342397	52252	6572

圖 2-4-11　以「外資及陸資」為主的資料

　　記錄整體資料後，可以試著整合台股三大主要市場現貨、期貨以及選擇權市場上所有能獲得的資料，分析其中法人的競合關係，研判指數後市的動態，相信定能有所斬獲。

2-5 法人之間的競爭與合作

　　上一節講了很多資料庫的建構與維持，接下來就要利用這些資料庫，分析市場法人的操作模式，感受、了解甚至預判法人的下一步動作，以賺取股市的利潤。

用賽局理論來看法人競合最清楚

　　在這麼多市場參與者中，到底要看誰的操作最準？答案是：應該要看全部。因為市場上有這麼多交易者，單看一個交易者經常會過於偏頗，在此要給各位一個重要的觀念：法人競合的概念。也就是，法人之間互相的競爭與合作關係，以下用賽局理論來延伸解釋競合之意。

賽局理論最經典案例──囚徒困境

　　在賽局假設下，每個參與者都在尋求自己最大的利益，不關心另一名參與者的利益。如果參與者某個策略所得的利益，在任何情況下，都比其他策略所得的利益要低的話，這種策略就稱為「嚴格劣勢」，理性的參與者絕不會選擇。

　　也就是說，賽局理論假設：所有金融參與者都只為了追求自身利益，並有理性執行的能力，這與大多數法人不謀而合。大家都想從彼此的口袋挖錢，也要防範其他的市場參與者，搶走自己口袋的錢，猶如賽局理論中最為經典的「囚徒困境」案例：

　　警方逮捕了甲、乙兩名嫌犯，但沒有足夠證據指控兩人有罪。於

是警方分開囚禁兩名嫌犯，也分別和兩人見面，並向雙方提供以下選擇：「若一人背叛，作證檢舉對方，而對方保持沉默，此人便能立刻獲釋，沉默者將判監 10 年。若兩人合作都保持沉默，則兩人同樣判監 2 年。若兩人都互相背叛檢舉對方，則兩人同樣判監 5 年。」這個結構如圖 2-5-1：

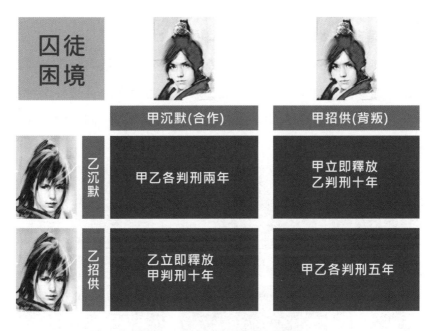

圖 2-5-1　囚徒困境結構圖

囚犯到底該選擇哪一項策略，才能將自己的刑期縮至最短？就個人的理性選擇而言，檢舉背叛對方所得刑期，會比沉默要來得低。試想困境中兩名囚犯會如何選擇：

策略 1 若對方沉默、我背叛，會讓我獲釋，所以選擇背叛。

策略 2 若對方背叛指控我，我也必須指控對方，才能得到較少的刑期，所以選擇背叛。

兩人面對的情況一樣，所以兩人都會得出相同的結論——選擇背叛。背叛是兩種策略之中的「支配性策略」，因此本案最可能的結果就是：雙方都背叛對方，結果兩人都要服刑。

內外資都選擇持續賣出，才能降低虧損

在囚徒困境中，把參與者換成外資與內資，背叛與合作換成買進與賣出，並假設已知的電子、金融、大盤、內資與外資的持倉皆為虧損。為了避免在市場上大幅虧損，內外資必須選擇一個正確的操作模式。（見圖 2-5-2）

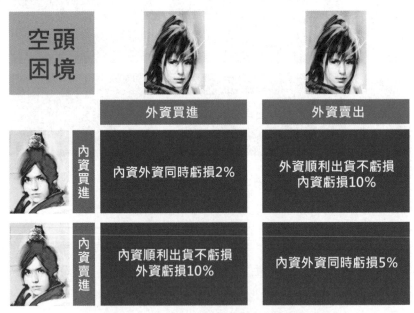

圖 2-5-2　金融市場的囚徒困境結構圖

對照圖 2-5-2 的囚徒困境，法人到底應該選擇哪一項策略，才能降低可能發生的虧損呢？

策略 1 若對方買進、我賣出，會讓我順利出貨，所以選擇賣出。

策略 2 若對方賣出，使我的持倉價格下降，我也要賣出，才能得到較好的價格，所以選擇賣出。

內外資面對的情況一樣，所以會得出相同的結論——持續賣出，這就是一個簡易的法人間競合概念。

三大法人罕見地全數合作，共創強多市場

但在 2014 年 3 月 26 日和 27 日兩天裡，市場上主要交易人的交易方式，似乎出現了很不一樣的氛圍。

一開始，三大法人不但在現貨市場上，同步站在多方；在期貨市場上，三大法人、十大交易人、十大特定法人，除了同步以淨多單留倉之外，更不約而同地增加了手中多方持倉。（見表 2-5-1）

表 2-5-1　法人期現貨部位明細

法人籌碼	外資	自營商	投信	總和(億)	十大交易人	十大特定法人
現貨買賣區	70.32	2.07	3.59	75.97	—	—
2014/3/27 台指期淨口數	16,846	898	798	18,542	11,912	9,880
2014/3/26 台指期淨口數	12,067	76	752	12,895	9,062	6,649
淨口數變化	4,779	822	46	5,647	2,850	3,231
期權淨額	259.64	62.55	16.33	338.52	—	—
淨額變化	94.25	25.26	0.62	120.49	—	—

台股上下震盪盤局的時間占了 70%，主要因素在於：法人多空想法不一，策略規劃也不盡相同，因此出現了主要法人以多單留倉、增加多單的操作模式。法人全數手牽手心連心，試圖創造一個強多市場，這種盛況相當令人訝異。

在選擇權的市場當中，也有類似的操作模式。外資手中看多的買進買權留倉數量 152,946（藍字部分）口，優於看空的買進賣權 118,439（藍字部分）口，顯示外資在選擇權市場上，也以非常正面的想法在操作。（見表 2-5-2）

表 2-5-2　法人選擇權部位明細

選擇權籌碼	外資		自營商		投信	
（淨口數）	買權	賣權	買權	賣權	買權	賣權
2014/3/27	152,946	118,439	20,472	-15,490	-2,000	1,105
2014/3/26	145,020	124,652	19,008	-15,250	-2,000	1,105
2014/3/25	140,037	124,246	11,329	-5,960	-2,000	1,105
2014/3/24	129,291	116,665	9,880	8,605	-2,000	1,105

更驚人的是，通常以買賣權賣方策略為主的自營商，竟然轉以增加看多的買進買權，以及看不跌的賣出賣權，做為整體的策略主軸。顯示市場主要法人的留倉狀況，皆以相當正面的操作策略為主。

只是，通常投資人在觀察選擇權市場時，會忽略投信，因為投信於 2008 年金融海嘯時，在期權市場遭受重創，加上法令規定，因此在期權市場上著墨甚少，代表性也較低。

投資不能憑感覺，要靠機率

2014 年 3 月 26、27 日這幾天，究竟發生了什麼事，讓盤勢出現這麼罕見的現象？原來那陣子，台灣報章媒體大肆報導美股向下修正，且以電子類股占比最多的 Nasdaq 跌幅最深，再加上國內還有反服貿的學運抗議事件，因此多數市場分析者認為：以電子股為主力的台灣市場難逃反壓；而台灣強勢的生技類股，恐怕也會受到美國生技類股高本益比的拖累，出現相當程度的修正狀況。

的確，2014 年 3 月 27 日台股以及電子指數的位階，已經到達歷史高檔，指數很可能跟隨著美股腳步，加上服貿等政治性因素出現，而有向下修正的風險。

但市場上的主要交易人會不知道這些消息嗎？擁有大筆資源、高位階的操作視野，他們能掌握大部分市場的資訊來源，更不用說一般人都曉得的新聞了。但在市場負面消息紛傳時，也不可以冒然偏空操作，只要掌握當時法人的籌碼動態，就會對法人異常樂觀的想法有所警惕：「我真的要跟著新聞偏空操作嗎？」

只要有這樣的念頭出現，就表示你在法人籌碼分析上，已經有相當的功力，但若能把你對盤勢的「感覺」轉化成「機率」，就不會隨波逐流，而以更沉穩強大的信心去操作。

計算法人出現全數偏多的機率

要怎麼把「感覺」，轉化成可以判斷的「機率」呢？不妨利用圖 2-5-5 的期交所歷史資料做回測。

表 2-5-3　三大法人、十大交易人、十大特法的歷史操作資料

法人籌碼	外資	自營商	投信	總和(億)	十大交易人	十大特定法人
現貨買賣區	70.32	2.07	3.59	75.97	—	—
2014/3/27 台指期淨口數	116,846	2898	3798	18,542	411,912	59,880
2014/3/26 台指期淨口數	12,067	76	752	12,895	9,062	6,649
淨口數變化	6 4,779	7822	8 46	5,647	9 2,850	3,231
期權淨額	259.64	62.55	16.33	338.52	—	—
淨額變化	94.25	25.26	0.62	120.49	—	—

然後利用以下簡單的邏輯，將表 2-5-3 的資料做為評分標準：

1. 若三大法人、十大交易人、十大特法的留倉口數大於 0，各得 1 分（共 5 分）。

2. 若三大法人、十大交易人、十大特法的期貨增加多單大於 0，各得 1 分（共 5 分）。

3. 外資、自營的留倉買權大於 0，各得 1 分（共 2 分）。

4. 外資、自營增加留倉買權，各得 1 分（共 2 分）。

5. 外資減少買進賣權，得 1 分（共 1 分）。

6. 自營增加賣出賣權，得 1 分（共 1 分）。

經過計算之後，3 月 27 日的籌碼概況可以拿到 16 分的高分（滿分 16 分），顯示法人合作的程度非常高。接著要開始觀察歷史經驗中，法人籌碼拿到 16 分的情況有幾次。結果發現：法人籌碼拿到 16 分的狀況寥寥可數。因此先放寬標準，若有 15 分以上的情形，就當做法人全數偏多操作。

回測結果好得出人意料，自 2007 年以來，總共發生 6 次類似的法

人合作情形，扣除 2014 年 3 月 26 日以及 2014 年 3 月 27 日這兩次，歷史上法人期權市場全數偏多操作的情形，只出現過 4 次。（見表 2-5-4）

表 2-5-4　法人全數合體做多

選擇權籌碼	外資		自營商		投信	
（淨口數）	買權	賣權	買權	賣權	買權	賣權
2014/3/27	11 152,946	118,439	12 20,472	-15,490	-2,000	1,105
2014/3/26	13 145,020	14 124,652	15 19,008	16 -15,250	-2,000	1,105
2014/3/25	140,037	124,246	11,329	-5,960	-2,000	1,105
2014/3/24	129,291	116,665	9,880	8,605	-2,000	1,105

法人全數偏多，後市月平均漲幅超過 3%

但法人偏多操作，後市就一定會漲嗎？從表 2-5-5 的統計數據可以發現，幾乎百分之百會上漲，而且平均漲幅在一個月內有機會達到 3% 以上。

表 2-5-5　法人全數合體做多，一定會漲拉（D＝天）

	1D 損益	2D 損益	3D 損益	4D 損益	5D 損益	10D 損益	15D 損益	20D 損益
2010/3/8	0.26%	0.37%	0.48%	0.10%	0.08%	2.02%	1.74%	3.67%
2012/8/1	0.35%	-0.35%	0.60%	0.73%	1.07%	3.11%	3.51%	2.05%
2013/4/11	0.89%	0.42%	-0.32%	0.16%	0.26%	3.02%	4.36%	6.39%
2013/11/29	0.39%	0.48%	0.22%	0.52%	0.02%	-0.15%	0.40%	1.33%
上漲機率	100.00%	75.00%	75.00%	100.00%	100.00%	75.00%	100.00%	100.00%
平均漲幅	0.63%	0.42%	0.43%	0.38%	0.36%	2.71%	2.50%	3.36%
平均跌幅	0.00%	-0.35%	-0.32%	0.00%	0.00%	-0.15%	0.00%	0.00%
平均漲跌幅	0.47%	0.23%	0.25%	0.38%	0.36%	2.00%	2.50%	3.36%

　　若以 3 月 27 日台股的收盤價來看，大盤收在 8,779.57 點。如果歷史真的重演，盤勢再度攀升 3％的話，指數基本上會到 9,000 點以上。結果，在 2014 年 4 月 23 日，大盤擺脫所有國內外不利因素，持續向上突破 9,000 點大關來到 9,022 點，創下自 2007 年 7 月以來的最高點紀錄。

　　正因為這份統計出現如此明確的結論，當初筆者才放心地偏向多方操作。各位如果有興趣研究，可以調閱日盛發行的盤前分析，當中也有這樣的紀錄。

　　籌碼分析在目前台股操作中，確實是不可忽略的一環，雖說難度高了一點，且多為投資大眾所忽略，但經過以上介紹，相信判讀法人籌碼的門檻會降低不少，只要持續記錄研究，假以時日，定能進一步掌握盤勢。

第 **3** 章

利用法人籌碼判讀大盤

3-1 三大法人中，誰的盤面影響力最大？

在交易市場這個殘酷現實的修羅場中，如何定奪進出場時機，勝不驕敗不餒，達到心境澄明、執行無礙的境界，有時是種人生哲學。

在市場投資商品、買賣股票的行為，本來就沒有對錯可言，價格合不合理、有沒有超跌、可不可以買進、是否超漲、該不該出場等等，唯有經過思考分析，或學習他人的經驗後，才會產生多空的看法。

至於這些看法與推論正不正確，還得配合變數研究與實單修正，才能對價格有一定的掌握能力，產生出較為「準確」的判斷，進而確認有把握的時機。然而，即便有了看法與推論，如何「心無罣礙地執行與檢討，任它盤勢千變萬化，我自俱足」，才是交易場上最磨人心性的試煉。

短線看自營商，中長線靠外資

一般來說，台股三大法人中，自營商在短線操作上最為靈敏。外資的部位大操作週期也長，雖然對盤面有關鍵的影響力，但在短線上的進出沒這麼敏感；對於短線的策略，外資可能就沒有太大的參考價值。而投信法人背後的進出，源自於散戶的買進與贖回，參考價值也不高。

以下是三大法人買賣超對於不同時間的相關性探討，以印證原始想法，並找出有價值的資訊。由於法人的買賣超數據是每天公布，因此可以用兩個不同的週期來分析各法人對於股價的影響力。

週期 1　**當天開盤到收盤影響盤勢最大的是自營商**

　　第一個週期是當天自開盤到收盤的走勢，觀察這些法人當天買進的力道是否能推升大盤？由於當天的買超必定是開盤以後買入，所以採計的漲跌幅時段是從開盤算至收盤。

　　透過圖 3-1-1 可以發現，**在當沖的盤勢中，三大法人裡，影響盤面最大的是自營商，其次才是資金龐大的外資。**自營商 55.6％的走勢相關性說明：大盤如果收紅，自營商幾乎會有順勢追價的力道。而投信的買賣超，不僅沒有正相關，某個程度上甚至是個反指標。

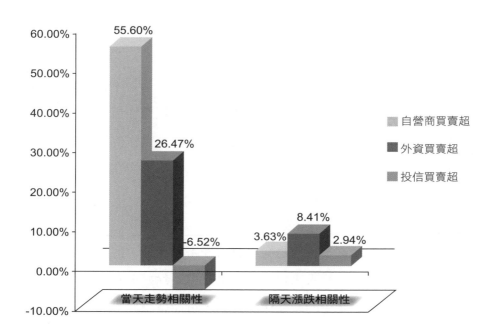

圖 3-1-1　三大法人中，影響盤面最大的是自營商，其次才是外資

週期 2　隔天漲停主要看外資

　　盤中很難得知法人的進出情況，往往在盤後收到數據時，才能判斷法人的買賣超對隔天盤勢有什麼影響。這些法人買進後，隔天究竟會不會漲、有多少成機率漲、相關性如何等等，才是我們想知道的資訊。

　　此時，影響隔天盤勢最重要的角色，從自營變成了外資，投信的影響力雖然變弱，但也變成了正相關。因為外資的部位大布局週期長，一旦買進，往往不會只買一、兩天，而是長期買進，所以隔天對炒作短線的自營商來說，外資是比較容易跟進的對象，如果看盤後資料來擬定隔天的操作，外資還是比較重要的參考標的。

與隔天漲跌相關性最高的是外資

　　三大法人之中，對當天大盤走勢最敏感、相關性最高的當屬：消息最迅速、資金最機動、績效壓力最大的自營商操作部門。只要當天盤勢有趨勢性，盤後都會有自營商順勢跟單。如果能在盤中掌握自營商的進出場，就一定有獲利的機會。

　　可惜在盤中觀察法人的動向，有太多不確定性，而且需要大量的工具與資訊，對於一般人來說，實在是吃力不討好。有時等數據分析完畢，這個時間差產生的成交價位滑動，可能會讓原本漂亮的進場點變成一場災難。

　　要開發出好執行又穩定的策略，觀察的變數要有一定的延續性，

且對「未來」盤勢有一定的影響力。外資偏向整體中長線的布局，買
賣超的持續力比較明顯，因此可以分析當天買賣超與隔天漲跌幅度的
相關性。如圖 3-1-2 所示，相關性最高的就是外資了。

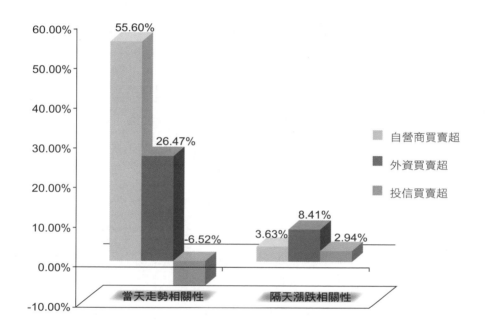

圖 3-1-2　**當天買賣超與隔天漲跌幅度相關性最高的是外資**

　不過，**筆者用的是隔天收盤相對於今天收盤漲跌幅度來推算，而
不是隔天開盤到收盤的推算。**這不是要你盤後看到外資買，隔天開盤
就買多，當沖做多、看到外資賣，隔天開盤就做空，但如果你想這麼
做，也可以試試看，找出兩者的相關性，應該會得出「輸贏各半」的
結果，就跟擲骰子差不多。

判斷盤勢強弱，先用「標準化」整理

要用外資籌碼輔助操盤，就不該只著重當沖的策略，而應進行中長線的布局。但如何利用這些數據來研發策略呢？難道要單純等外資買就抱、外資持續賣超就出嗎？如果不是，又要如何定義什麼是大買可以切入的時間、什麼又是大賣可以出脫的時候呢？買 1 億算不算大買，還是買 10 億才算是大買呢？

在回答以上問題之前，得先回顧一個數據處理的基本概念：標準化。如果今天台股只有 4,000 點，那漲 80 點就等於漲了 2％，在 8,000 點時漲了 80 點，只能算是漲了 1％，在不同的標準下，同樣的數據就有不同的意義。

同理可推，如果昨天外資大賣 100 億，今天只有小賣 10 億，雖然還是賣超，但是否為賣超縮減、盤勢轉強？或大盤強勢過高，外資波段追價，買超卻大幅縮減？即使是買超，是否也應居高思危，想想後續下探的可能性呢？

也就是說：若以最近的買賣超為標準，衡量外資的買賣動作，做為中線波段的抱單依據，會是個不錯的方式。

跟隨外資進單，6 年有近 200％的獲利

圖 3-1-3 和圖 3-1-4 分別是用以上概念撰寫的初版策略，在沒有停損停利與最佳化的狀況下，自 2008 年以來的單筆資金操作，以及操作賺來的錢，進行複利投資至 2013 年 11 月的績效。由此可以看出：只是跟隨外資進單的操作模式，6 年來就有將近 200％的獲利；以複利來計算，更有將近 500％的報酬率。

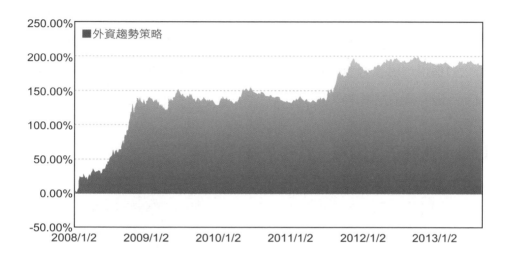

圖 3-1-3　外資趨勢策略權益曲線

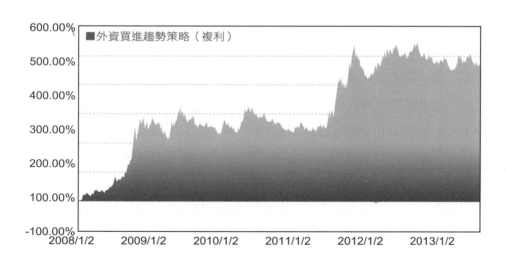

圖 3-1-4　外資趨勢策略權益曲線（複利）

整體績效跟事前的預估也很像，很多時候，盤整時不太會有輸贏，但通常不會漏接真正的多空大波段，可以穩定取得長線的報酬。最大的虧損出現在外資受傷慘重的歐債危機時期，這部分則可以透過細部停損與資金控制來改善。

價量加關鍵法人籌碼，投資策略再升級

精益求精乃是市場取勝的態度，影響盤面變數不只是外資，其他法人及衍生性金融商品，甚至市價量關係，都對預測盤面、撰寫策略有進一步幫助。如何結合不同的數據，產生更好的投資策略呢？

好的數據分析是建立優秀策略最重要的一環。在資訊爆炸時代，要找出影響股價的資訊不難，但重要的是：如何挖掘數據的內涵，將其融入操作判讀裡。以台股來說，不管是指數或個股，法人的籌碼進出是非常有效的判斷依據，交易策略如果只考慮價量，那就太可惜了。

台股和大盤的價格，與關鍵法人（投信、外資、大股東）進出數據密不可分，只要適當量化這些數據，就可以建立不少有效的操作策略。不過，很多專業投資人觀察籌碼時，要的不是新的交易系統，而是希望將法人的籌碼動向，轉化為操作的重要考量，加入原來的操作策略之中。

以下參考外資籌碼動向，修改一個「台指短天期順勢交易策略」，並比較回測前後的獲利與勝率。圖 3-1-5 為原始策略 500 個交易日的回測結果，來回手續費設定為 5 點，勝率為 6 成 1，交易次數為 181 次。以期貨一口單操作來說，獲利約 2,000 點；以股票不融資操作台灣 50ETF（指數股票型證券投資信託基金，Exchange Traded Funds）的角度來說，獲利約 3 成，此策略值得深入研究。

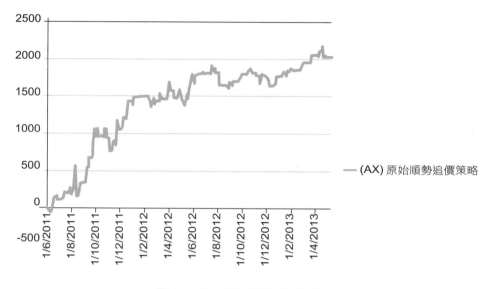

圖 3-1-5　原始順勢追價策略

確認關鍵造勢者已進場，趨勢才會成形

　　這是一個「順勢突破後，判斷趨勢成型並追價」的策略，目的就是要抓到真的大行情、大趨勢，也就是指：關鍵造勢者必須已經進場了。

　　以台股指數來說，要有大行情，各大權值股外資定要有所布局，否則一旦突破壓力，在主力沒進場、散單賺了就跑的情況下，不易形成趨勢，此時就算順勢跟單，也不容易獲利。

　　唯有在「順勢策略進場方向與外資籌碼方向一致」時，才值得出手。以「區間內外資籌碼的買賣超」做為濾網，避免在大戶沒上車時進場，成為散戶出貨的最後一隻羊，並增加勝率，獲得更好的報酬。

　　之所以挑選短天期策略與外資籌碼結合，是因為：要確實掌握外資籌碼數據，通常是在當天收盤以後。若要看到籌碼才更動策略，或

調整停損利與方向,最快也要隔天才能執行。策略操作週期若不是以天計算,就需要更多考量了。

比較回測的結果如圖 3-1-6:

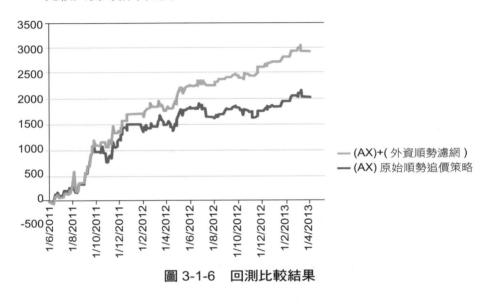

圖 3-1-6　回測比較結果

經過修改後,勝率提升了將近 1 成(約莫達到 7 成),期望獲利更提升了整整 5 成,表示原始的假設修正是成立的。而修正過的策略,更能精準掌握趨勢。

別忘了,把外資期貨也放進你的投資策略!

愈複雜的商品,就會受到愈多變數的影響,光用一、兩個主觀的變數去操作,難免以管窺天,尤其是大盤與指數這種表達整體經濟局勢、內涵超過 2,000 支上市公司股票變動的商品。衡量外資在股市的進出場,只能算是初階的探討,若想提升策略品質,還必須審視其他條件。

　　但在加入其他條件前，除了股票的直接進出以外，指數期貨的籌碼變動也很重要。所以先回歸基本特性，看看法人的籌碼與大盤價格之間的相關性。

　　圖 3-1-7 是針對當天走勢、隔天的漲跌、隔天開盤到收盤的走勢，分別計算三大法人的期貨部位合約金額變動相關性的結果：

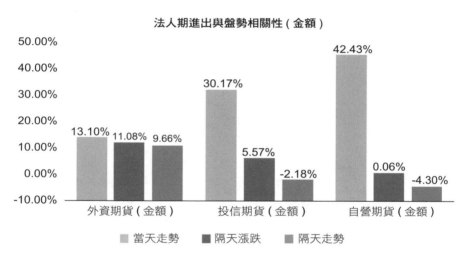

圖 3-1-7　法人期貨進出與盤勢的相關性

　　自營商仍是當天盤勢最敏感的操作手，不論漲跌，都有順勢進場的買單或追空的賣單。在短線部位上，自營商的持倉時間更短，對於隔日的影響更小，甚至會有隔日沖的賣單，因而成了一個微弱的反指標。

　　若外資以中線布局為主，外資籌碼就不會有太多短線的進出，所以無論對當天或隔天走勢的影響，都有微微的正相關，不至於偏差太多，值得放入投資決策中。

　　若不只考量外資於現貨的進出，把外資的期貨部位也納入考量，

便可提升策略表現，這也是以金額而非期貨進出口數來計算相關性的原因。外資買賣超若也以淨金額來計算，兩者合併考量會簡單很多。把外資期現貨合併起來看，在外資期現貨大量布局，並放寬原有的順勢進場條件，會出現什麼結果呢？

如圖 3-1-8 所示，經過修改後，期望獲利再度提升了 2 成，接近 3,500 點，即使在趨勢不明顯的 2013 年，獲利與勝率也能大幅提升。

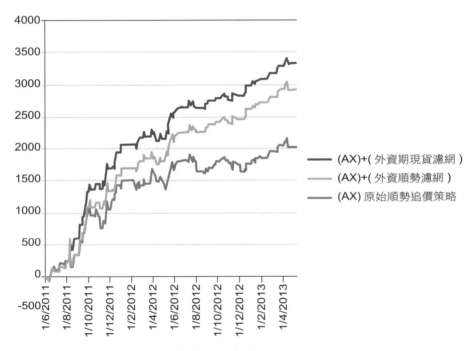

圖 3-1-8　放寬順勢進場條件後，期望獲利提升 2 成，接近 3,500 點

策略的研究與修改、變數的引進與應用，都是這樣一步一步驗證出來的，找出變數與盤勢之間的交互影響特性，再納入策略考量，然後慢慢提升，終有實戰下單的一天。

3-2 外資籌碼結合價量，創造高勝率策略

選股更要選市，如果市場處於空頭，例如 2008 年的金融海嘯，不管再怎麼精通用籌碼精挑細選，區別只是在於跌多跌少而已。成功投資很重要的一點，就是專注於正確的趨勢，藉此抓到長波段的行情，進而累計財富、增加資本。

要達成以上目的，或想研發良好的長線策略，有兩個很重要的方向：

1. 正確判讀順勢。

2. 避過大波段的反向行情。

如何操作，才叫「順勢交易」？

以下就從台灣大盤月線的角度，說明順勢交易的原理與基本判讀。所謂「順勢」是要順誰的勢？是在籌碼面順主力操盤的造勢嗎？例如前文提到幾個不同判別主力的手法；還是像巴菲特從基本面順營收不斷上升的勢？例如這兩年營收不斷創新高的台積電。這些都是有根據的操作手法，也都能憑此找出不錯的獲利模式。這些數據甚至能進一步結合價格與技術分析，產生足以實戰的交易策略。

不過，在鎔鑄價格、籌碼與基本數據形成一套投資體系前，先實事求是地印證一下：從價格的角度上，順勢交易是否可以成立？換句話說，順勢交易不能讓你獲利，那就完全沒必要納入投資操作的考量。

抓準盤勢出現明顯突破時，開始追價！

之所以會有順勢交易，通常是先有交易價格形成趨勢，後續價格極可能延續之前的價格走勢；或股票市場中有人前仆後繼進場買股票，於是「未來一段時間內」的走勢，可能因為後續買盤還沒消化完畢，讓盤勢持續之前的走向，直到泡沫化為止。

這個假設聽起來十分符合市場的狀況。**也就是說，盤勢一旦有明顯的突破後，再開始追價，就會有一定的獲利契機。**不過何謂「明顯」的突破？又要如何定義「未來一段時間」是多長？接下來可以從台股大盤開始看起。

切記，如果順勢交易獲利的假設是正確的，就不該只有某些特定情況順勢交易才會贏，而某些狀況會輸。也就是說，如果在最基礎的參數（如價格突破進場）上沒有呈現出某種趨勢性，後續的最適化參數（如突破 5％、10％或 15％）調整出來的獲利數據，不過是鏡花水月而已。

舉例說明：順勢交易若成立的話，那麼不管在突破 5％、10％或15％時進去追價，長期統計下來都應該要獲利才對，差別只在贏多贏少、勝率高低、出手次數多寡而已。而不該出現「突破 5％～ 6％去追價會輸，突破 8％～ 10％去追價也會虧損，但突破 7％去追價時，卻可以獲利」的狀況。果真如此，那麼所謂的「順勢交易」，不過是在有限的歷史資料中，看圖說故事，找出一條看似可以獲利的策略而已。

在投資實務的應用上，若不是要進行解盤報告、或推銷指標應用的話，在沒有意義的數據背後，找尋可以獲利的參數，是非常不可靠的行為。在數據分析上稱之為 Over Fitting，程式交易上稱之為「過度

最佳化」,是交易者應該避免的情形。

從月線的角度理解順勢交易

現在換個角度,用台指月線上的數據,來說明順勢交易的基本概念,用來鑑別市場趨勢十分有效。圖 3-2-1 是台指期 8 年來月線的漲跌幅機率分布圖,大體上呈現一個單峰的常態分布,藍色的線是完美的常態分布。

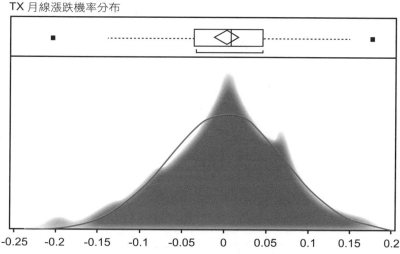

TX 月線漲跌機率分布

圖 3-2-1　台指月線漲跌幅分布圖

相較之下,兩者分布的型態十分相近,所以若要拿離峰值(整體分布的兩個端值)來判讀「明顯趨勢」,必須有一定的基礎。以下舉例說明,圖 3-2-2 是一般台灣人身高的分布圖,大體上呈現一個單峰的常態分布。

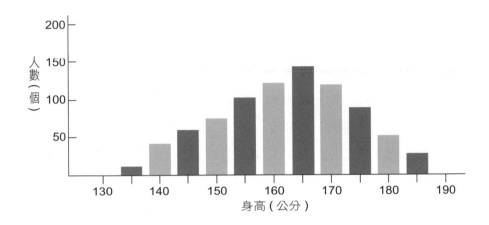

圖 3-2-2　台灣人身高的分布圖，為一個單峰的常態分布

　　如果要找「高個子」，那麼 160 ～ 170 公分高的人絕非「高個子」；因為這個組別的人太多了，占群集的大部分，只能算是「一般人」。但如果有個 185 公分的人出現，稱他是高個子，應該沒有人會有意見，因為「高」跟「矮」的定義，都是相對「一般人」的。

　　同理，以台指來說，大部分的當月漲跌幅都落在 -10％～ 10％之間。若要分類出「大漲」、「大跌」與「盤整」三個區間，以漲跌幅超過 10％做為「當月有明顯趨勢」，算是蠻合理的。例如 2014 年 5 月 5 日的盤勢，10％震幅相當於 900 點，一個月有將近千點的漲幅，一般投資人都會認為是大漲或大跌了。

當月漲跌幅超過 10％，次月近 8 成機率走勢不變

　　分辨出何謂「明顯的趨勢」後，下一個問題就是：出現「明顯趨

勢」之後，下個月的股價是否真的有「勢」可跟、有「利」可套？可藉由簡單的關聯性圖來分析。圖 3-2-3 縱軸為當月漲跌幅百分比，每個點對應的橫軸，是它們下個月的漲跌幅百分比。

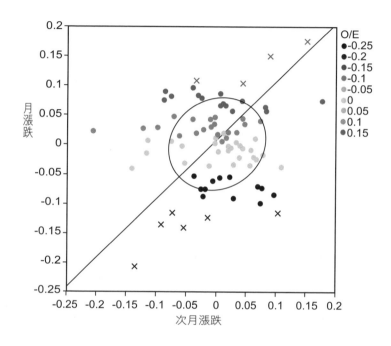

圖 3-2-3　**當月漲跌與次月漲跌關聯性**

　　由此不難看出，雖然彼此的相關性不明顯，但當月股價的漲跌幅，對次月股價仍有一定的影響。

　　既然如此，那麼是否「勢」愈強，次月的股價連動性就愈強？也就是說：這個月漲愈多，下個月更容易大漲；而這個月跌愈多，下個月就更不樂觀呢？

　　先把「有明顯趨勢」、當月漲跌幅超過 10％的月份用「×」標記出來，濾掉其他部分後來看，就如圖 3-2-4。

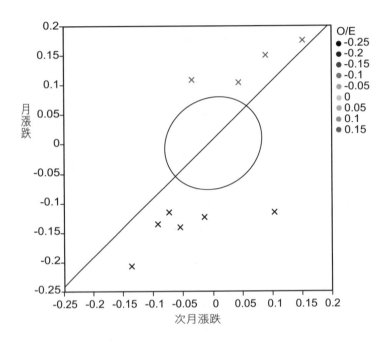

圖 3-2-4　當月漲跌幅超過 10％與次月漲跌幅關聯性

　　此時結論就很清楚了，過去 8 年中，只要當月漲跌幅超過 10％，次月就有將近 8 成的機率會走同一個方向。即便只是單純跟這些單，獲利也十分可觀了。

　　順勢交易在台指的長線上完全可行；但如果想放寬條件，不想等

這麼有把握時才出手的話，勝率就會比較低，投入的資金也必須比較少。建議逆勢凹單（看錯方向卻不設停損）的朋友，碰到這種長線趨勢時，適時建立停損點，應該不至於有更大的損失。

「順勢交易」這個古老的想法自有其價值，如果能結合不同的基本面與籌碼數據，配合價格的順勢指標，就能建立高勝率、低風險的完美策略。以本書舉的例子來說，大盤月線明顯大跌時，千萬不要多方選股，可以挑選某些融資的反指標來放空或避險；而大盤月線明顯大漲時，可以買進上個月有主力進場的標的，將籌碼的資訊發揮到極致。

3-3 以明顯開高、開低做為操作準則

　　如上節提到的，要擬定一項策略的進場條件，在回測與調整參數之前，必須先觀察你所使用的變數與條件，是否跟未來股價某個特定的基期有關。否則就只是在拼湊數據，求一個不切實際的美夢而已。

　　以下以坊間常見的開高做多、開低做空策略，來示範何謂「不切實際」。大盤開高開低對當天後續的走勢，並沒有太大的影響。開盤價格與當天走勢之間的相關性，只有 -0.09。如圖 3-3-1 所示，根本沒有「開高之後，後續盤勢會繼續漲；開低之後，後續盤勢會繼續跌」這種事。

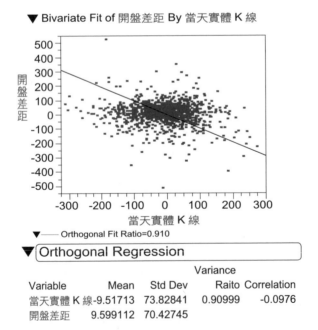

▼ Bivariate Fit of 開盤差距 By 當天實體 K 線

▼── Orthogonal Fit Ratio=0.910

▼ Orthogonal Regression

Variable	Mean	Std Dev	Variance Raito	Correlation
當天實體 K 線	-9.51713	73.82841	0.90999	-0.0976
開盤差距	9.599112	70.42745		

圖 3-3-1　大盤開盤高低與當天盤勢走勢相關性比較

這幾年如果大盤開高去做多台指期、開低去做空的話，不僅會慘賠超過 6,000 點；即便與開盤反向操作看似有利，但由於負相關性不明顯，以來回 5 點的手續費計算，2008 年至今的虧損，依然超過千點。可見這不是可用的策略，也沒有什麼道理。

大盤明顯開高開低，盤勢反轉機率會提高

要解決這個問題，不妨研究一下變數特性，至少可以推定：開盤高低「也許」對當天的盤勢有反向的影響。但能否下這個定論，甚至當作下單的條件，光憑這樣的研究也不可靠，但可以排除部分「雜訊」，進一步探討這件事。

要排除雜訊干擾，最簡單的手法就是：把不太明顯的數據從樣本裡拿掉。例如，利用分布狀態，挑出當月漲跌超過 10％時，可視為大漲大跌有明顯趨勢者。如果大盤開高 100 點，大家都會認為是長紅跳空開高；但如果只開高 10 點，還能不能視為「大盤開高」？抑或只是開平盤，甚至開低，只是被散戶或雜訊洗上來開高的？答案就不好確定了。

在上例中，開高 100 點或開低 100 點，就是「明顯的例子」，而開高 10 點就是「模糊的例子」。圖 3-3-2 就是拿掉模糊的例子，只保留明顯的開高開低的部分（即大盤開高 100 點、開低 100 點以上的情況）與當天自開盤到收盤之間的相關性：

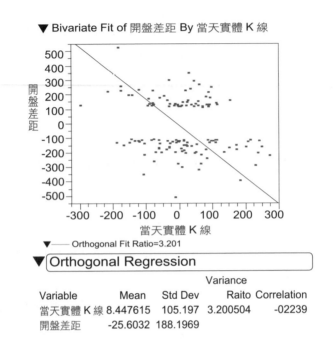

圖 3-3-2　大盤開高 100 點與開低 100 點，與當天盤勢走勢相關性比較

　　也就是說，在開高開低很明顯時，盤勢反轉的機率較高。相對也會明顯提升原始的策略報酬能力以及勝率。由圖 3-3-2 可知，只要把條件訂嚴格一點，排除模糊的部分，任何影響商品「未來價格」的變數，理論上都能增加策略品質。否則就是本來的假設有問題或盲點。

　　大戶大買一萬張，跟大買一千張，一定是大買一萬張比較有可信度。同樣的，對當天盤勢影響的推論，只取「確定性」較高的區域來分析明顯的時機，兩者的相關性應該會比較大。結果相關性從 -0.09 拉升至 -0.22，負相關的趨勢更為明顯。

只做明顯的開高開低，可產生 2,600 點的獲利

　　前文曾說明，如果單純地開高做空、開低做多的話，從 2008 年至今操作的結果來看，大概還會虧超過上千點，但如果只做「很明顯」的開高開低時候呢？

　　圖 3-3-3 是記錄從 2008 年至今採用新策略，將每口滑價成本與來回成本設定成 5 點（台幣 1,000 元），在開高開低超過 100 點時，回測反向操作下權益累積的報酬。

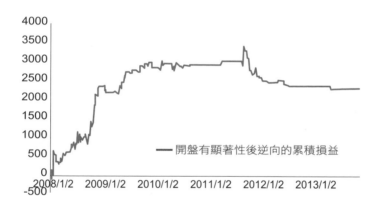

圖 3-3-3　大盤大幅開高與大幅開低反向後權益報酬

　　比起「不管開多高多低都做反向」的原始策略，「只做很明顯的開高開低時候」的新策略，不但產生了 2,600 點的報酬，同時對「大盤大幅開高開低，盤勢容易反向」的推論更有把握，甚至可做為增進其他策略獲利的附屬條件，或個股加減碼的依據。

　　然而，只採取單一考量的策略，往往會有很多問題。以此例來

說，從圖 3-3-3 可以發現：自 2010 年後，股市沒有末跌段與初升段的大趨勢盤，大盤大幅開高與開低的次數愈來愈少，策略報酬因而變差，這是因為盤勢「波動率」與實際價值都發生了改變。

例如 2008 年大盤 4,000 點時，開高 100 點相當於所有台灣股票都漲 2.5％，所有權值幾乎都要紅通通才行。但到了 2010 年，開高 100 點只要平均每支股票上漲 1.2％，拉抬幾支大型權值股就可以做到了。

總體來說，不同於月線的走勢可以在長線進行追價，大盤於隔日的開盤，其實沒有順勢這回事，但不管是短沖個股、期貨、長線上掌握成本，都可以利用這個技巧來增加獲利。

若想探究策略的進步空間，或更仔細研究影響股價的變數，這些額外的考量不可或缺。統計外資在股票權值中的買賣超，並配合期貨的進出場部位設定策略，比如在外資大量買進、盤面又開很得低時，順勢逢大盤拉回時進場，必然可以提升投資勝率，拿到更好的價格成本。

第**4**章

法人競合的實戰解析

4-1 利用類股相關性，建立投資組合來套利

　　分析股票與各種商品時，人人都想抓住每個變數，以完美預測漲跌走勢。但影響價格的因素實在太多：價量、籌碼、產業、政策、景氣等等，一般投資人很難全面貫通這麼多變數。

　　但其實只要調整投資組合，不用掌握這麼多變因，就能找出高勝率進場方式。以下就是以簡單基礎的研究獲利的方法。

利用避險組合，幾乎是穩賺不賠

　　以有限之人力，面對市場之無窮，很難掌握全部資訊，精準判斷股市漲跌。此時，如何藉由「投資組合」掌握變因，就成了投資獲利的重要課題。

　　假設立法院正在進行證所稅法案的表決，盤面因不確定的政治因素，讓大盤多空都很遲疑。結果你發現在大盤類股籌碼裡，外資有集中布局半導體的趨勢；而產業面上，也確定台積電搶了聯電的一筆大單。那麼發生以下哪種情況，你會比較有把握？又該如何操作呢？

狀況 A：台積電之後會漲。
狀況 B：台積電之後漲得比大盤多（或跌得比大盤少）。
狀況 C：台積電之後漲得比聯電多（或跌得比聯電少）。

如果發生狀況 A，即台積電要漲，就必須確定證所稅的版本會對股市友善，且外資確實敲進半導體族群。那麼大盤一漲，台積電買盤自然跟著漲。

可惜證所稅是個非理性的政府因素，很難預期它的走向。如果發布的是不好的版本，股市與大盤殺低，台積電很難隨之收紅。換言之，在不了解立法院真實情況下，之後台積電會不會漲，有太多變數，一般人很難掌握全部情況。

但只要知道外資真的大舉布局半導體類股，就算證所稅的版本對大盤不利，半導體有外資買盤支撐，至少會跌得比大盤少。大盤整理後，可能會有一波漲勢。

就算只了解產業面，知道台積電搶到了聯電的單子，卻不清楚外資籌碼的動向，也不了解證所稅會怎麼走，但至少有一點可以確定：不管大盤或半導體類股是漲是跌，台積電都會比聯電強。

換句話說，現在有三個變因要考量：

1. **證所稅會往哪裡走？**
2. **外資的籌碼會集中在哪裡？**
3. **台積電是否搶得了聯電的單？**

不用分析政局，照樣享有高勝率

一開始雖然知道外資籌碼往半導體集中，也確認了台積電搶到聯電的訂單，但無法確定證所稅會如何。三個變因中只知道兩個，所以無法判斷台積電會不會漲，但台積電會比大盤來得強勢，而在半導體中，聯電會比台積電弱勢。

在這樣的情況下，如果貿然大買台積電，就必須承擔證所稅的不確定性風險。因此，比較好的方式是：買台積電的股票，然後放空相同價值的台灣 50 或台指期避險。

如果免除了證所稅，大盤大漲 5％，台積電大漲 10％，你在大盤的空單會因此虧損 5％，但台積電可以獲利 10％。如果證所稅很重，引發股市大跌，台積電因有外資買盤與業績支撐，很可能大盤跌 10％，台積電才跌 5％。那麼你的避險部位就會獲利 10％，而台積電僅虧損 5％，還是可以獲利。

換言之，不管證所稅怎麼走，都可以賺到「台積電比大盤強」的獲利；也就是利用避險的組合，排除「沒有研究的變數」（政治因素），讓投資風險更低、勝率更高。雖然可能會賺得比較少，但有更高的期望值，表示可以投入更多資金，以放大獲利。

只要確定宏達電比華寶弱，買強、空弱就對了！

由台積電的案例可以發現，只要掌握價量結構、籌碼、產業等變因，搭配適合的投資組合，就可以找到高勝率的投資機會。以下，我們再舉前陣子很紅的手機代工廠華寶為例。

智慧型手機整體市場的量不斷成長，對低階代工來說，必有量增的效果，但品牌的毛利會被侵蝕。因此，除了第一、二名品牌之外，所有代工廠都會面臨毛利被侵蝕、進入門檻下降的問題。

在這樣的產業背景下，很容易預測出「宏達電比華寶來得弱勢」，所以不必理會 QE（量化寬鬆，Quantitative Easing）或馬王政爭，也不必管大盤怎麼走，只要買進華寶、放空宏達電就好。

　　由於大盤震幅不大，可以放心接收兩邊的獲利。即使 QE 結束或刮起政治風暴，宏達電（品牌）仍然會跌得比華寶（代工）兇，還是可以排除政治因素而獲利。

　　從圖 4-1-1 可以發現：華寶從 30 元一路上揚，但宏達電從千元一路破底，即便大盤有大趨勢，兩者還是有很高的價差，比起整天提心吊膽地猛看新聞，不知如何是好，「買進華寶、放空宏達電」是不是簡單多了？

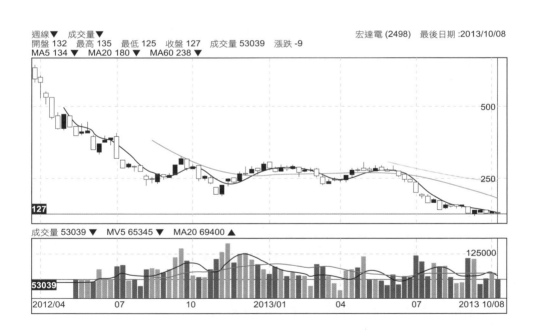

圖 4-1-1　強勢的手機代工廠與弱勢的次流品牌廠形成價差

法人避險動向，是你切入的時機

相關的避險與投資比例更換，法人每天都在做。所以解讀籌碼時，要能判斷法人的真實想法，才能看出法人在利用同質性高的股票買強空弱，減少不確定因素，找出高勝率的避險套利手法。

同樣的，在觀察法人動向時，除了單純解讀多空買賣超之外，還要考量法人的避險動向，才能找出分析籌碼與切入時機。

除了重大國際金融事件利空導致的資金縮水之外，在重要的電子權值投資中，外資幾乎都是贏家。要解讀外資籌碼，必須了解外資的限制與心態。大型投資機構受限於基金投資規範，必須維持一定的持股水位，而且單一比重也不能過大。

因此，如果你知道外資看好某支股票，但不確定盤面的政治因素時，進行賣弱買強的類股輪動套利，會是較佳的選擇。比如把手上 10％資金，從看好的台積電轉到聯電，就相當於買台積電、空聯電的價差套利效果。

如果外資只是看好台積電或半導體利多，沒有相應的持股與轉股操作，又有無法把握的變數（如馬王政爭）時，由於台積電會強於大盤，你可以買進台積電、放空台指期，賺取其中的套利。

只有外資全面看好台股、半導體時，才能在電子期與台指期都沒有避險的情況下，同步做多台積電和聯電。

如何判讀外資動向，並擬定相應的操作策略？

如何判讀外資動向，可以用幾個情況來說明。以下三種狀況各有

什麼不同？盤後的籌碼又會如何？

狀況 A：法人大買台灣 50 與台指期，也買進台積電與聯電

法人大買權值，台指期貨上沒有避險空單，反而有短線買盤進駐期貨多單。可見法人不僅看好某個類股族群，也看好整個台股的表現。

半導體方面，幾個主要權值也都一併買超，因此台股當天較為強勢。在大盤弱勢的情況下，可以切入合適的標的；或趁大盤弱勢、外資籌碼集中在台灣 50 或電子權值時買進。但不建議追價，小心盤面上只剩外資買盤而反轉，待拉回後再觀察籌碼為宜。

狀況 B：法人賣出台指期與其餘權值，卻買進台積電與聯電。

法人在股票上賣超，期貨避險部位也沒有套利跡象，僅為權值股撐盤。此時，建議以價差套利操作，或逢高放空投機股，但要小心外資連電子權值都殺出。

狀況 C：法人股票與期貨多空不定，但買進台積電、賣出聯電。

法人大體的動向是買進股票，並在期貨建立相關的避險部位，不太看多整體的大盤，而做相應的類股套利。因此建議，等外資回補其中一方時，再跟單回補。

外資回補空單後，才表示已經結束避險

以下就以實際的盤勢來說明，圖 4-1-2 中 2013 年 10 月 11 日就類似狀況 C，當天大漲跳空、開出收黑，但外資並未全面殺出權值股，而是買進股票、賣出台指期。

可自訂日期→ 20131011

前一日　　最新一期　　後一日

	買超		
1	2311 日月光	29.6	▲ 0.6
2	2888 新光金	10.55	▲ 0
3	2891 中信金	20.1	▲ 0.15
4	2356 英業達	28.6	▲ 0.4
5	2330 台積電	106.5	▲ 1.5
6	1102 亞泥	39.9	▲ 0.6
7	2885 元大金	16.1	▲ 0.15
8	2883 元大金	8.86	▲ 0.08
9	2474 可成	166	▲ 4
10	2887 台新金	14.85	▲ 0.3

	賣超		
1	2303 聯電	12.6	▼ 0.2
2	2409 友達	10.05	▼ 0.1
3	2481 群創	11.8	▼ 0.4
4	3045 台灣大	95.2	▼ 2.8
5	1216 統一	55.2	▼ 1.7

2013/10/11 外資現貨買超，期貨做空。半導體類股多台積電空聯電。

圖 4-1-2　2013 年 10 月 11 日盤後外資十大買賣超

在盤後數據上，可以清楚看到外資大買台積電、大賣聯電，但如果切入盤面，直接跟單會很危險。最好等外資的避險結束後，再搞清楚要停止賣出聯電，還是殺出台積電。

圖 4-1-3 的 10 月 14 日盤後，整體盤面買股票、空期貨的情況並未改變，但外資持續買進台積電時，聯電的賣超卻急速縮小。此時，可以從兩者套利，改為看多半導體。

如此一來，隔天無論是敲聯電或台積電，都有不錯的報酬。以勝率來說，敲跌幅較深的聯電會比較適合（即跟外資回補同一方向），而隔天聯電收了半根漲停，開盤時若有切入，也有超過 2% 的報酬。

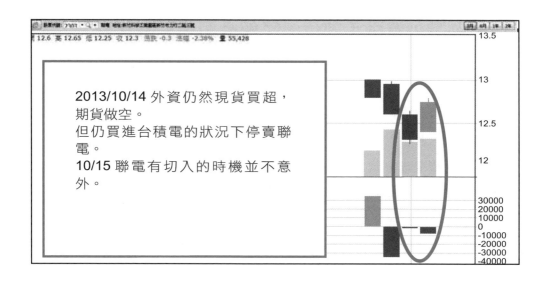

2013/10/14 外資仍然現貨買超，期貨做空。
但仍買進台積電的狀況下停賣聯電。
10/15 聯電有切入的時機並不意外。

圖 4-1-3　2013 年 10 月 11 日盤後外資十大買賣超

　　相反的，如果外資將台積電的買進轉為賣出，聯電也持續殺出的話，又該怎麼做？其實可以空半導體龍頭、買進次級的小廠等補漲，應該是個不錯的操作策略。

　　股市中有許多謠言與公司派的消息，都會大幅影響股價；然而不管公司新聞怎麼發，要鑑別股市真相，最好還是：觀察背後金主的動向。只是，必須了解價差的動向，才能看懂大資金背後真正的目的。

4-2 判讀外資兩手部位，了解公司新聞的真相

　　進入投資市場前，必須知道：市場上有三種錯誤會發生，其中最難掌握的就是「不可預知的突發風險」。例如某某龍頭企業的董事長過世，或台積電廠房因大地震倒塌等。凡是進場時無法預期、投資人沒有設好因應對策的事件，都屬於這類錯誤。

　　但「進場時無法預期、投資人沒有設好因應對策的事件」這句話的重點在於：沒有設定好因應對策。當事情不如預期時，會出現兩種投資人：一是自命不凡，認為錯不在我，只是運氣不好；另外一種是思考再發生類似事件時，有何減少損失的對策。很明顯地，後者將會是贏家。

價差操作，只需抓住強弱兩個部位

　　降低未知風險最好的方法就是：建立多空的「價差部位」。遇到巨大突發事件時，如果外資是多頭套利，空方部位會獲利，多方部位會虧損，兩者可以相抵；即使多空兩邊投入的金額相同，只要多方跌得比空方少，依然能夠獲利。

　　以上策略能獲利是因為：**判斷多方部位比空方部位強勢，比預知市場多空要簡單多了**。如同要判斷台積電比聯電強勢，遠比預知台積電會不會漲來得簡單。風險既小，決策體系更完善，自然是外資建倉的首選。當然，外資能這樣做，你也能跟著做；甚至可以判讀外資的動作，找到獲利的進場時機。

發布新聞造成不合理上漲，開發金就成了弱勢

以下用一個 2012 年的實例，做分析操作的練習。2012 年 11 月 25 日，法人買進開發金庫藏股 2 萬張，投入了台幣 2 億元。隔天 11 月 26 日，開發金發布新聞稿，表示將在 11 月 27 日開始，以 20 億台幣買回庫藏股。

只要法人爆量，就有出手的機會，但問題是該買進還是做空、該各做多少、要做多久？外資在一天內以 2 億元買進同一支個股，絕對是有意義的爆量，但光是這個消息，還是無法確定接下來的走勢，總不能看到黑影就開槍吧？

所以，真正有意義的訊息是在 26 日新聞稿發布之後，開發金將以 20 億買回 20 萬張庫藏股，這解釋了為什麼法人在前一天爆量。因為這麼重大的議題，絕不會是開發金大股東在 26 日才決定，而且從 25 日的爆量就可看出：外資早就得到消息了。

股東知道：開發金發布新聞後，股價必然上漲。所以先投入個人資金，公司的結構沒變，資金卻變多了，可見這幾天開發金會有不合理的上漲。既然不合理，投資人就該反著做，雖然無法避免短期內的下跌，但跌法如何卻不一定，單純做空開發金，必須承受某種程度的風險，因為長期來看，的確有 20 億資金會買進開發金庫藏股。

綜觀上述消息，套上之前提到的價差套利操作。在 26 日發布消息後，開發金股價因新聞而大漲，短期內形成了不合理的上漲，相較於整體金融股，開發金就成了弱勢。

但投資人不必判斷開發金到底是漲是跌，只要看出「開發金比金融股總體來得弱勢」，就可以做價差的操作：做空開發金，做多金融期

指。雖然後來開發金連續開高走低了 4 天，而且量也不少，單純做空也可以獲利，但策略的討論必須將風險考慮進去，不能只求僥倖。

如果從 27 日開始做空開發金，做多金融期指會如何呢？ 11 月 27 日開高下殺，28 日開高收平，29 日台股整體大漲，開發金仍然開高收低；12 月 2 日開高走低，不僅開發金空單可以獲利，金融期指也可以賺取上漲的利潤。

這個作法的好處在於：如果開發金隔天繼續上漲，整體大盤或金融股強勢的話，金融期指就會漲更多。即使輸了做空開發金這段，做多金融期指部分也會贏得更多，總體上還是獲利。反之，如果整體弱勢導致金融期指下跌，那麼做空開發金就會贏更多。

選擇高連動性股票，建立現貨價差

外資巨人最重要的交易手法，就是以多空的價差進行套利，只要了解這其中的手法，就能強化你對盤勢的判讀能力，並利用外資的操作限制，大吃外資豆腐，以提高獲利機率。

那麼，該如何建立現貨價差呢？**首先，要選擇連動性高的股票，做為整體策略的主幹。**因為連動性高的股票，遇到單一的利多或利空時，其多空走勢會相仿，只是有幅度上的差異。而連動性低的股票，多空走勢難以控制，甚至會擴大利差，增加虧損。

日月光發布獲利預警，外資立刻先空後多

假設一般外資的現貨價差、建倉，以同一個類股族群為主，表4-2-1 是 2012 年 5 月 29 日的盤後外資買賣超數據：

表 4-2-1　2012 年 5 月 29 日的盤後外資買賣超數據

法人進出　成交比重　資券餘額　熱門排行

資料日期：101/05/29				上市外資買超排行		上櫃外資買超
名次	股票代號／名稱	成交價	漲／跌	買超張數	外資持股張數	外資持股比率
1	2891 中信金	17.14	▲ 0.84	10,091	5,024,677	44.02%
2	2891 台新金	11.35	▲ 0.40	3,769	2,164,121	34.21%
3	2885 元大金	13.85	▲ 0.60	3,714	3,136,387	31.31%
4	6239 力成	59.1	▲ 3.3	3,589	377,777	42.27%
5	2609 陽明	12.55	▲ 0.75	3,129	389,183	13.80%
6	2892 第一金	17.20	▲ 0.45	2,458	1,262,200	16.46%
7	2392 正崴	62.8	▲ 3.8	2,224	85,819	18.04%
8	2454 聯發科	273	▲ 14	2,223	399,915	34.84%
9	2890 永豐金	10.00	▲ 0.42	2,114	2,291,336	31.33%
10	3045 台灣大	94.1	▼ 1.9	2,104	1,203,115	35.17%
11	2301 光寶科	36.00	▲ 140	1,999	965,176	42.34%

法人進出　成交比重　資券餘額　熱門排行

資料日期：101/05/29				上市外資買超排行		上櫃外資買超
名次	股票代號／名稱	成交價	漲／跌	買超張數	外資持股張數	外資持股比率
1	2847 大眾銀	17.14	▼ 0.53	-33,304	257,273	10.84%
2	2883 開發金	7.24	▲ 0.19	-19,257	1,625,654	14.45%
3	2311 日月光	27.85	▲ 0.25	-6,612	4,702,452	70.63%
4	2881 富邦金	29.40	▲ 0.75	-5,895	1,914,208	21.12%
5	2603 長榮海	15.45	▲ 0.45	-5,736	1,026,286	29.54%
6	3231 緯創	38.00	▲ 0.90	-4,713	1,220,121	58.52%
7	2308 台達電	85.5	▲ 3.0	-3,645	1,651,073	68.75%
8	4938 和碩	41.50	▲ 1.40	-3,560	933,649	41.37%
9	2618 長榮航	17.05	▲ 0.60	-3,174	549,577	16.86%
10	1402 遠東新	30.20	▲ 0.95	-2,802	985,526	20.12%
11	2371 大同	7.14	▲ 0.27	-2,584	530,382	22.67%

　　外資建立了 3,500 張力成的多方，並放空 6,600 張的日月光。雖然是同樣的封裝測試族群，卻出現多空不同部位的多頭價差。也就是說：在這段時間，不管大盤怎麼走，力成只要比日月光強勢（漲得比較多，或跌得比較少），外資就能藉此獲利。

　　外資為什麼會判斷日月光比較弱呢？因為外資早就知道日月光會發布獲利預警。發布日期為 6 月 4 日，此消息一出，日月光自然比沒有獲利預警的力成來得弱；而力成早就因為爾必達[5]的相關新聞，跌到不能再跌，只能利空出盡。早已知道消息的外資，「做空日月光、做多力成」的多頭價差策略，不僅規避了證所稅一天一版本的紛擾，還能大啖散戶豆腐，兩邊都賺。

　　前文提過：要以外資的操作模式獲利，只要其中一邊乖離過大時，順勢跟外資做回補的動作就好。以日月光為例，只要在日月光發布獲利預警、跳空開低時，做多日月光即可。

　　只要看圖 4-2-1 的 2012 年 6 月 4 日走勢就能明白，當天大盤跳空開低走低，然而外資原先賣出的日月光，卻跳空開低後一路買回收紅，遠遠強過大盤，只要能看懂外資的下一步動作，自然可以吃到外資獲利回補的豆腐。

---

5 爾必達（Elpida Memory, Inc.）是日本一家記憶體公司，成立於 1999 年，擁有 30nm 製程的廣島製造廠以及在台灣的合資企業瑞晶電子。2012 年 2 月破產，同年 5 月為美國美光科技（Micron）收購。

日月光（2311）
成交量 18755 長紅 K 反彈

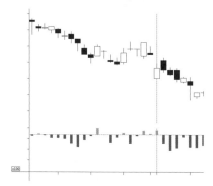

加權指數（#001）
成交量 3316020 漲跌開低無反彈

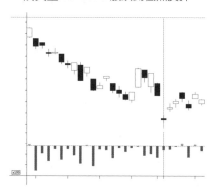

圖 4-2-1 日月光 6 月 4 日外資強勢回補與大盤的比較

等到「不合理」點位出現，就出手！

其實籌碼分析的眉角很多，套利與回應的方式也不止一種，以下的國泰金即是一例。

進行股票投資，無非是在找「不合理」的點位進場，進而擬定進出場策略，以賺取超額報酬。但總得先知道什麼是「合理」點位，才能找出「不合理」的點位。以下是兩個觀察重點：

1. 此股票成交量排位落在哪個區段？熱門程度是否合理？

2. 此股票價格與大盤連動性為何？是否有超漲超跌的異常現象？

國泰金股價創新高，要密切觀察隔天開盤價

從以上兩點來看，會發現圖 4-2-2 的 3 月 7 日外資前十大買賣超中，買超部分符合外資做單方向，也就是外資買的股票都漲了，盤面呈現外資控盤的態勢。

前一日　　最新一期　　後一日

	買超					賣超		
1	2882 國泰金	40.95	▲ 1.95		1	2890 永豐金	14.2	▲ 0
2	3481 群創	16.95	▲ 0.1		2	2888 新光金	9.12	▲ 0.09
3	2409 友達	13.15	▲ 0.05		3	2317 鴻海	80.4	▼ 0.1
4	2887 台新金	12.25	▲ 0.15		4	3034 聯詠	131	▼ 4
5	2891 中信金	18.1	▲ 0.55		5	2886 兆豐金	25	▲ 0.05
6	2884 玉山金	17.65	▲ 0.25		6	2303 聯電	11.1	▼ 0.1
7	4938 和碩	42.05	▲ 0.8		7	2324 仁寶	20.45	▼ 0.2
8	3698 隆達	29.9	▲ 1.55		8	2618 長榮航	18.8	▲ 0.05
9	2384 勝華	15.55	▲ 0.15		9	2357 華碩	356.5	▼ 11.5
10	6239 力成	46.6	▲ 0		10	3702 大聯大	33.85	▲ 0.1

圖 4-2-2　外資在 3 月 7 日的前十大買賣超

　　在買賣超的 20 支股票中，有 7 支金融股皆漲，可見金融股偏強，

而圖 4-2-3 中，龍頭股國泰金成交比排位更是暴增，躍上買超第一名。

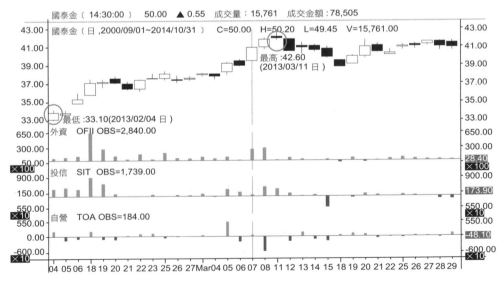

圖 4-2-3　國泰金的日線走勢

　　然而價格是否「異常」到吸引投資人進場呢？從圖 4-2-4 可知：3 月 7 日當天國泰金強過大盤 4.87％，收盤時大漲 5％，股價破 40 元大關，創下 2011 年 8 月以來的新高價。

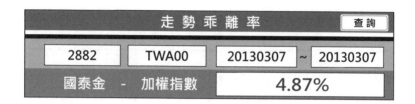

圖 4-2-4　國泰金與大盤乖離程度

　　從國泰金平日走勢得知，這波超漲讓價格出現了異常，輔以三大法人同步做多（見表 4-2-2），那麼投資人隔天該如何操作呢？

表 4-2-2　國泰金近日三大法人買賣超

近一個月三大法人買賣超總表

日期	外資	投信	自營商	合計
03/13	2,578	115	1,511	4,204
03/12	6,354	1,328	-2,050	5,632
03/11	944	3,423	-120	4,247
03/08	28,457	4,397	-5,793	27,061
03/07	25,925	631	511	27,067
03/06	154	1,917	-2,062	9

　　隔天的開盤是重要的觀察標的之一。對有控制開盤能力的外資來說，若想繼續吃貨，會儘量開平盤，甚至開低，以便用較低價格買進，取得第一時間的價格優勢。

　　3 月 8 日國泰金開平盤，符合上述邏輯推論，外資動作為做多，若

在開盤順勢跟單做多（41元），收盤出場（41.85元）時，即便第一根紅 K（3月7日）沒做到，第二根紅 K（3月8日）也可以趁機追單。（見圖 4-2-5）

可自訂日期→ 20130308

前一日　　最新一期　　後一日

買超					賣超			
1	2882 國泰金	41.85	▲ 0.9	1	2888 新光金	9.64	▲ 0.52
2	3481 群創	17.15	▲ 0.2	2	8008 建興電	32.6	▲ 0.05
3	2883 開發金	8.99	▲ 0.18	3	2344 華邦電	6.05	▼ 0.04
4	288 富邦金	43	▲ 2	4	2317 鴻海	80.5	▲ 0.1
5	2884 玉山金	1.8	▲ 0.35	5	2409 友達	13.3	▲ 0.15
6	2885 元大金	16.5	▲ 0.35	6	6147 頎邦	65.1	▼ 1.4
7	2330 台積電	103.5	▲ 0.5	7	2303 聯電	11.05	▼ 0.06
8	2891 中信金	18.2	▲ 0.1	8	3034	128	▼ 3
9	2325 矽品	34.2	▲ 1.1	9	2357 華碩	354.5	▼ 2
10	2887 台新金	12.4	▲ 0.15	10	3045 台灣大	104.5	▼ 0.5

圖 4-2-5　外資 3 月 7 日前十大買賣超

國泰金外資成交量爆量、連收兩根紅 K，3月8日外資、自營商轉為不同步，外資做多、自營商做空，隔天的開盤就成了觀察重點。

3月11日國泰金開盤跳空開高，可能是外資想要將價格拉高，好讓出貨價格漂亮。跟隨外資動作準備反手做空，開盤 42.15 元去融券放空，即使未空到該波段最高點 42.6 元，仍算是不錯的獲利空間。

在期貨部分，外資大約退了 27,000 口空單，國泰金成交量明顯轉弱，隔天開平低；此時，延續前一天作法開盤做空，股價持續下殺收長黑。

　　國泰金這波進出大致符合短線操作方式，進場條件（國泰金成交量爆漲與價格異常）不存在時出場，不論是順勢追單或逆勢反手做空，都提供了完整的觀察標的與套利機會，接下來可以多觀察籌碼與價格走勢。

多國泰金、空大盤，風險更低報酬更高

　　如果只知道「金融股比大盤強」、「金融股龍頭是國泰金」這兩個變因，做國泰金與大盤的價差，用「多國泰金、空大盤」的手法，可以取得更多的利潤，由圖 4-2-6 得知 2013 年 3 月 7 日及 3 月 8 日兩天，國泰金整整強過大盤 6.49%。

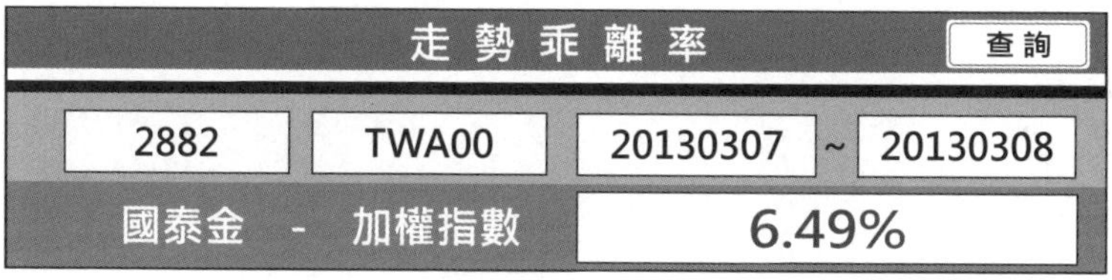

走 勢 乖 離 率			查 詢
2882	TWA00	20130307 ~	20130308
國泰金 - 加權指數		6.49%	

圖 4-2-6　國泰金與大盤乖離程度

　　在 3 月 11 日，國泰金轉弱後，反向做多大盤做空國泰金，也能保全己身，仍賺 2.86%。（見圖 4-2-7）

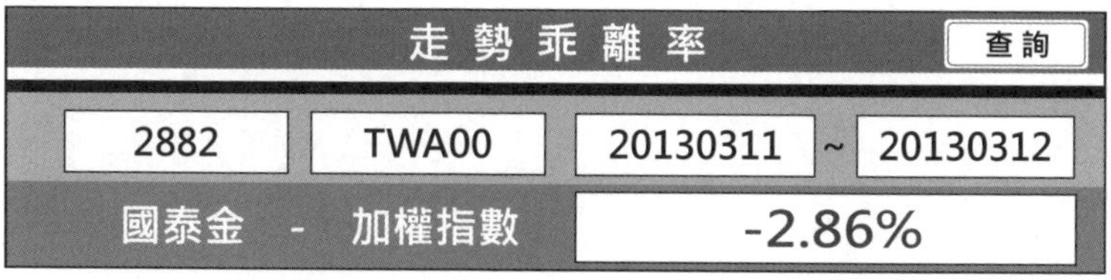

走 勢 乖 離 率			查 詢
2882	TWA00	20130311 ~	20130312
國泰金 - 加權指數		-2.86%	

圖 4-2-7　國泰金轉弱後反向操作，仍賺 2.86%

　　只要能看懂法人的價差操作、買強空弱的換股手法，長線的投資人就能看關鍵控盤人的籌碼買盤，去抓好股票「不合理」的超跌買點；短線投資人則可以利用價格與籌碼走勢不同時，進行短線的買強空弱的價差操作。

　　要判讀合理區間，一定要配合整體類股走勢、大盤整體的漲跌狀況來看，才不會看到手中股票漲，卻沒看到遠遠落後其他同類股票；或大跌見獵心起想抄底買進，卻沒看到整個產業的衰退。視野愈廣，就進步得愈多，也能發現更多投資的好時機。

4-3 法人與融資對做實戰──宏碁漲跌始末

　　散戶在巨人的世界裡，就像一群坐困愁城的難民，即使深受國內外巨人大戶的肆虐，依然樂天知命地縮在政府築起的防火牆內。防火牆對普通巨人確實有一定的防禦力，但遇到了強勢的巨人大戶破壞城牆，或偽裝成難民的主力巨人大戶突襲進城時，散戶永遠是最悲慘的受害者。

　　雖然平均投資額最少、缺乏計畫性、操作策略忽多忽空、組織能力極差、追高殺低的小額投資者，通常會成為股市的犧牲者。但誰說散戶面對外資就一定輸錢呢？

　　凡事眼見為憑，不論是別人口中多麼神奇的策略，都要經過再三測試，確定多空勝率之後，才能論斷。散戶面對外資，是否一定會成為待宰羔羊，也有待測試。以下舉例說明。

宏碁打底完成了嗎？

　　從圖 4-3-1 可以看到，在 2013 年 5 月，宏碁股價進入盤整階段，在業績持續衰退的影響下，其實整體股價走勢是非常悲觀的，因此股價每每上揚時，重點操作者外資便出脫手中持股，但市場上依然有人懷抱「轉虧為盈」的美夢，因此接手的操作者，通常都是代表散戶族群的融資。

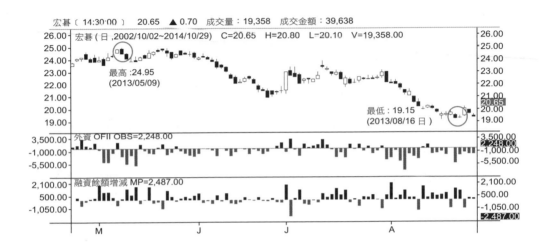

圖 4-3-1　宏碁股價上揚，外資卻出脫持股，由融資承接

　　在「外資持股續減、融資持股比率續增、股價持續墊高」的背離
情況下，不難想像後續 2013 年 6 月宏碁股價的修正態勢。而在同年 7
月初，宏碁股價止跌回穩並拉出一根長紅 K 棒；市場不少技術派操作
者認為，宏碁股價修正幅度已滿，推升動能不如想像，連續兩次的測
試高點反壓，外資法人依舊持續出脫手中持股，接手者以融資散戶為
主；果然又引導出 2013 年 8 月的股價修正走勢。

外資危機入市，散戶跟著反做虧很大！

　　「外資賣，融資買，但股價卻漲」的背離態勢，除了可以用來判
斷未來股價可能的空方走勢之外，還可以助你確立一檔股票是不是打
底完成。以下同樣以宏碁為範例做說明。

　　2013 年 11 月 5 日晚間，宏碁前首席執行長王振堂宣布，已向董事

會辭去公司的主要職位，因為宏碁 2013 年第三季的財報出現大幅度下滑，且公司將進行重大改組，不僅取消正在研發的產品線，也將裁減超過 7％的員工，期待未來能轉虧為盈。此利空消息如猛虎出閘，宏碁立刻在 11 月 6 日一早開始跌停，甚至鎖死。

　　然而從圖 4-3-2 可看出，外資在跌停的同時，也做出回補宏碁股票的動作。到底宏碁的外資操作部位，能不能讓股價起死回生呢？

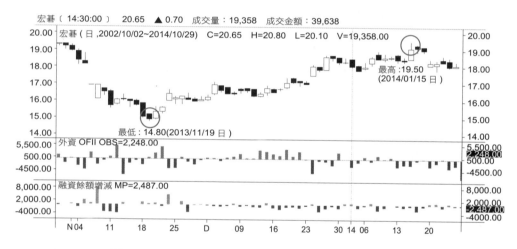

圖 4-3-2　宏碁於 2013 年 11 月 6 日跌停鎖死

外資利用 K 棒型態欺騙散戶

　　當市場負面消息湧現，外資法人卻趁危機入市，後續盤勢加速趕底，歷史低點出現後，宏碁股價果然出現轉折。但在當時的時空背景，你可能不放心跟著外資法人買進，因為市場消息持續偏向空方，只要股價每出現一根紅 K，都會誤認為是當時的高點。

　　到了 2014 年 3 月，外資針對宏碁的賣超情況明顯開始減少，雖然

遭逢內線案的影響，但股價並沒有明顯變化，整體股價維持在 17 元至 18 元間的狹幅整理走勢。但在 3 月底，外資開始連續買超，共站在多方 13 個交易日；相反地，代表散戶的融資餘額卻一路減少。

當時的新聞指出，瑞信證券認為宏碁正進行組織變革，筆電市場後勢又不見樂觀，因此持續維持「表現不如大盤」的評等，目標價放在 11 元。瑞士信貸在這 13 個交易日中，站在賣方時候只有 3 天，合計買超超過 7,400 張。也就是說，當市場消息不好，重點法人卻反手買進，整體股價底部可能就會慢慢浮現。

而在圖 4-3-3，2014 年 5 月 9 日這天，原本擺脫連 3 季虧損的宏碁，果然有開高表現，卻因員工內線交易遭到起訴，立即反轉向下，留下一根長黑 K 棒。融資深受危機事件影響，大幅賣出 733 張持股，但確知筆電市場即將反轉的外資，卻危機入市、進場買進。

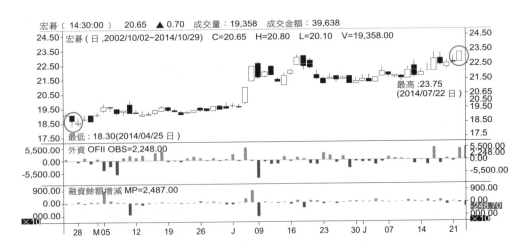

圖 4-3-3 宏碁在 2014 年 5 月 9 日開高，卻因員工內線交易事件而反轉向下

　　然而 K 棒型態是欺騙投資者的最好工具，在 5 月 9 日當日甚至出現創高拉回長黑，但這背後，外資卻經過多天的布局，至 2014 年 6 月 5 日，報載消息指出，宏碁與聯發科攜手進軍雲端和物聯網後，股價連續走揚，宏碁因而確立往後的多頭走勢。

透析外資操作邏輯的三大重點

　　在零和交易上，有贏家也有輸家，而在本節範例中，宏碁的贏家是外資，輸家是融資，搞清楚這層關係後，可以利用三個重點，來觀察外資和融資間的賽局關係：

　　1. 外資買賣超。

　　2. 融資買賣超。

　　3. 當天漲跌幅。

　　從這三個重點的交互作用中，可以清楚透析外資的操作邏輯，當外資法人不看好某檔股票時，可能會利用該股票的好消息，引誘融資進場買股，然後再逢高倒貨、站在空方。相反地，當外資法人看好股價後勢時，就會利用壞消息、甚至發布壞報告洗清市場浮額，逢低布局持倉部位。「開開心心吃融資豆腐」成了外資輕鬆操作宏碁、簡單賺錢的方式。

4-4 不合理的進場點位怎麼找？

　　前文提過：股票投機操作，無非在找尋「不合理」的點位進場，進一步擬定進出場策略，以賺取超額報酬。但如何區分什麼時候是「股價合理」、什麼時候又是「股價不合理」，而有套利的空間呢？

　　以下筆者整理了四個重點，若能清楚掌握這四個重點，就能發現更多切入盤面的時機：

　　1. 此股票成交量排位落在哪個區段？熱門程度使否合理？

　　2. 此股票價格與大盤連動性為何？是否有超漲超跌的異常現象？

　　3. 平時法人對此標的操作模式為何？是否有不一致的情況？

　　4. 平時公司派主力的操作是否有一定的趨勢？

　　若以 2013 年 1 月 7 日的中石化（中國石油化學工業開發股份有限公司）籌碼變化來看，可以從筆者的法人監控理財寶部分畫面（見圖4-4-1），觀察到一個有趣的現象。

　　那就是：中石化不僅成交比排位暴增，且法人的動作出現邏輯異常，在盤面不是很弱的情況下，追高殺低的外資收紅竟然不站在買方，無疑提供了套利的可能性。（見圖 4-4-2）

　　然而，價格是否異常到吸引投資人出手呢？如果沒有價格優勢，往往還有其他更好的出手機會。

　　從 2013 年 1 月 7 日當天中石化的漲幅與加權指數的比較，會發現中石化的漲幅接近漲停，並拉出長紅，但大盤反倒收黑，兩相差異遠超過一根漲停板。而對照中石化平日走勢與波動振幅，卻發現中石化

並非超漲超跌的投機股;再觀察法人的相關動作,就會發現讓中石化爆量長紅的,並不是主力大戶。

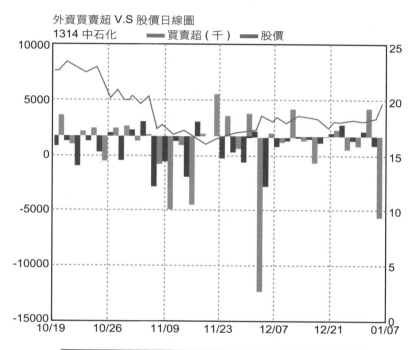

外資當日十大買賣超			
	2409 友達	13.05	▼ 0.7
	2891 中信金	16.7	▲ 0
	3481 奇美電	15.9	▼ 0.9
1/07 大漲的	2317 鴻海	86.8	▼ 1.2
背後,主力	2303 聯電	12.2	▼ 0.2
早就偷偷出	1314 中石化	19.7	▲ 1.25
貨	2347 聯強	54.6	▲ 0.4
	2382 廣達	64	▼ 1.7
	2454 聯發科	301.5	▼ 4
	8069 元太	22	▼ 0.75

圖 4-4-1　卡方斯的法人監控理財寶部分畫面

走 勢 乖 離 率			查 詢
1314	TWA00	20130107	~ 20130107
中石化 - 加權指數		7.43%	

圖 4-4-2　中石化與大盤乖離程度

　　若要放空，還必須看公司大戶主力的臉色，從圖 4-4-3 可以得知，千張以上的大戶連續減持手中持股已超過一季，面對突然的暴漲，連續四個月出貨的大戶逢高繼續出貨的結論，應該不難評估。在這麼多條件齊備的情況下，不賺這麼明顯的盤面，倒是跟自己過不去了！

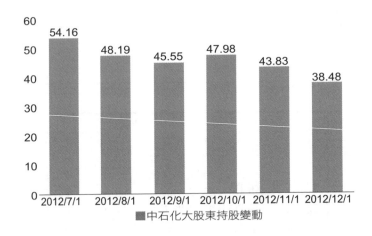

圖 4-4-3　中石化大戶連續四個月減持手中持股

從圖 4-4-4 中，可以發現在 1 月 17 日有空單出場訊號。長線上如果是加碼單，可做為加減碼的調節訊號。事實上，只要掌握好這一招，台股就充滿了很多機會，一年要有 10％到 20％的獲利，其實不是難事。

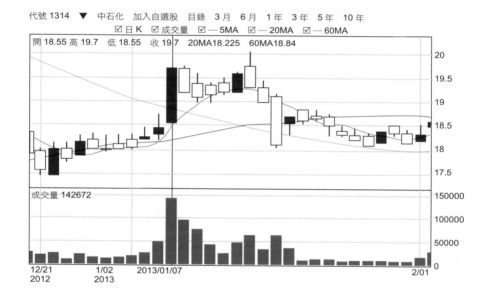

代號 1314　▼　中石化　加入自選股　目錄　3 月　6 月　1 年　3 年　5 年　10 年

☑日 K　☑成交量　☑—5MA　☑—20MA　☑—60MA

開 18.55 高 19.7　低 18.55　收 19.7　20MA18.225　60MA18.84

成交量 142672

12/21
2012

1/02
2013

2013/01/07

2/01

圖 4-4-4　中石化 1 月 7 日長紅後的走勢

4-5 掌握大股東動向，避開黑心出貨的宏達電

宏達電因智慧型手機的崛起以及正確品牌策略，加上良好的市場切入時機，且生產基地全在台灣，因而在國際市場上占有重要的一席之地。而宏達電的股價不僅衝上千元，成為一代股王，也成了另一個台灣的驕傲。

但由於智慧型手機逐漸轉為成熟，差異性難以擴大，加上低毛利的競爭，限制了宏達電的發展。智慧型手機雖然仍有成長空間，卻很難再有爆發性成長。所以當時筆者提出了一項看法：宏達電的歷史高點已過，未來並不看好。

但就算外在條件不佳，如果企業高層能謹慎經營，放緩擴張的腳步，用心做好產品，以保持毛利、提升品牌價值，也算是值得投資的公司。可惜快速擴張致富，常使企業不知變通，盲目追求短期上的營收，而忽略過去成功的真正原因。

宏達電崩盤主因：大股東炒股倒貨

當年宏達電使用「機海政策」，許多未經大量測試就推出的低價機型，引來品質不穩的抱怨，並從根本弱化了宏達電原有的競爭力。後來甚至連高階主力機型，都出現了品質不穩的問題，嚴重影響宏達電的品牌價值

此時，宏達電高層應戒慎恐懼，告訴主要合夥投資人相關警訊才是。但持有大量股票的公司派法人，發現炒股比穩健經營容易獲利，

結果連財報都要藏首畏尾，甚至做了更嚴重的事：出貨。

延後發布財報下修，千張大戶趁機殺出

宏達電在 2012 年 6 月 6 日宣布下調第二季財報預測，合併營收目標從 1,050 億元，降至 910 億元。

營收下修 150 億，絕對不是件小事，從圖 4-5-1 可以看出：宏達電在 2012 年 6 月 7 日財報下修新聞發布之後，連續兩天重挫跌停，跌幅高達 14％以上；更何況第二季財務報表，應該在 5 月以前就編寫完成，公司派法人不可能不知道。宏達電這麼晚才發布獲利下修，無非就是「貪念」作祟。

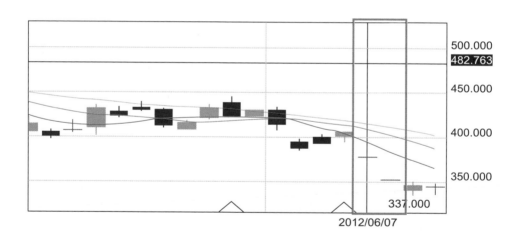

圖 4-5-1　宏達電在財報下修新聞發布之後，連續兩天重挫跌停

高價股價格昂貴，因此大股東往往才是真正的大金主，以當時價格 400 元的宏達電來說，至少要有 4 億資金，才能當上千張大戶。

這些人若非夠力的金主，就是夠力的公司派大戶，其動向通常都有很高的參考性，圖 4-5-2 為宏達電 2012 年 6 月 1 日公布的持股變化：

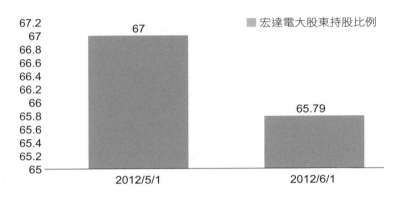

圖 4-5-2　宏達電 2012 年 6 月 1 日公布的持股變化

你注意到了嗎？超過千張的大股東在 5 月 2 日到 6 月 1 日間，整整減少了 1.20%。宏達電的市值在 5 月大約是 3,500 億元，1.20% 相當於 50 億元左右的貨，在短短 20 個交易日的 5 月，主力每天都倒了 2 億多的貨出去。

王雪紅以 18 億護盤，宏達電還是跌破 300 點

宏達電公司派財報下修後，股價在公司派法人與外資的夾殺下一路破底，一直沒有回到當初主力倒貨的價格。市場壓力排山倒海而來，重要投資法人質疑宏達電的經營誠信。

董事長王雪紅為了捍衛股價，自掏腰包 18 億台幣，買了 5 千張自家股票。而 6 月底公布的法人持股明細中，也確實增加了 5 千張股

票。但這就代表公司派法人全面翻多，宏達電的買點浮現了嗎？

以宏達電 2012 年 7 月 17 日的市值 2,500 億來看，不到市值 1 ％ 的 18 億，其實不能代表什麼。投資人應該在意的是：在這個大動作之後，先前大量倒貨的公司派法人，會因董事長的買進而停止出貨嗎？ 而被宏達電嚇到的外資法人，有因此回補持倉嗎？

只要回顧一下宏達電的經營結構，再印證後來的結果與籌碼，就能得知以上問題的答案了。

宏達電成功的原因，絕大部分在於王雪紅的管理模式，很多轉投資的董事長，明明就不懂該產業，卻要大小事一把抓，造成了許多錯誤的決策。但王雪紅卻是放手讓專業經理人做主，自己只扮演幕後的推手。

此外，王雪紅也樂於讓專業經理人分享其努力的成果，有功必賞，使得旗下的經理人很少跳槽或自立門戶。王雪紅也因此創造了威盛與宏達電的千元股王傳奇。

然而，放手讓專業經理人自由發揮，也表示王雪紅對下屬的約束力並不大。當專業經理人在炒股利益的誘惑下，開始利用資訊不對稱套利時，王雪紅也很難管制這樣的行為，只能以自身的道德標準、現金買股的行動來支持宏達電。

那麼，公司派法人會不會追隨董事長的行動呢？先看圖 4-5-3 中， 6 月大戶持倉的數據是不是增加了 18 億呢？

王雪紅雖然在 6 月連買了 18 億，但超過千張的公司派主力仍然繼續出貨，表示大戶根本不買帳，賣得遠遠比 18 億多。

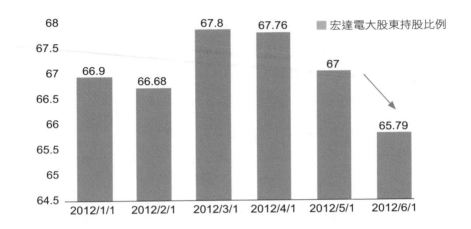

圖 4-5-3　即使王雪紅 6 月大買 5 千張，大戶整體持倉比例依然下降

　　圖 4-5-4 是當時近 20 個交易日，宏達電外資買超有 3 天，卻比不上 7 月 8 日一天的賣超量。主力不疼、外資不愛、股價破底，你還會跟著王雪紅一起買 400 元的宏達電嗎？

圖 4-5-4　宏達電外資買賣超與股價比較圖

觀察大股東籌碼，可預判宏達電跌價

筆者曾在自己專欄中大膽預言：宏達電的歷史高點已過。外在的環境不佳，內部管理又有問題，2012 年 7 月 16 日的 287 元不會是宏達電的最低點？而宏達電的底部合理區間，究竟在哪裡？

後來連兩日重挫跌停的宏達電，印證了筆者的預言，事實上筆者從 800 元以來，就不看好宏達電後續的走勢，而且從 555 元開始更是一路看空。

由圖 4-5-5 可以看出，早在 2012 年 4 月 4 日，宏達電自 555 元開始，筆者就預告過：失去夢想支撐股價的宏達電，將不會再有高點。

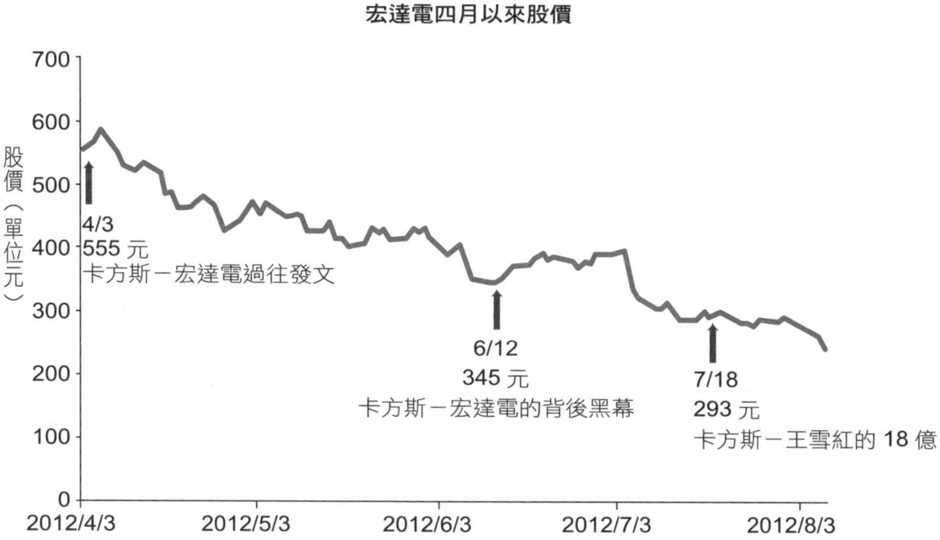

宏達電四月以來股價

圖 4-5-5　宏達電破底歷史與卡方斯發文預告的時間點

　　6 月 12 日宏達電收盤 345 元，當時筆者曾在〈宏達電背後的黑幕〉一專欄文中表示：主力已搶先出貨 80 億台幣以上，而且也不可能只出貨一個月，對主力來說，此時無疑是放空的良機。

　　而在 7 月 18 日的〈王雪紅的 18 億，究竟能否力挽宏達電於既倒？〉專欄文中，筆者也提到：當時最低價的 288 元，不會是最低點，破底是必然的事。面對將會繼續破底的宏達電，絕對要先閃一波。

　　過去筆者很少一而再、再而三地提到同一支股票，但一再提及宏達電，無非希望在公司派主力坑殺投資人之前，可以減少受害人，讓投資人保留元氣，不要成為下一個威盛的受害者。

　　後來宏達電跌停 240.5 元鎖死。其實只要掌握住大股東籌碼的動向，這些價位都是可以合理預判的。（見圖 4-5-6）

股票代號	時間	成交	買進	賣出	漲跌	張數
2498 宏達電 加到投資組合	14：30	240.5	—	240.5	▼ 18.0	4,893

圖 4-5-6　宏達電於本篇發文日收盤價，跌停仍未打開

公司派與外資聯手坑殺散戶

　　其實宏達電的未來以及這波跌停的預判，並不是什麼秘密。因為「王雪紅大買」之後，公司派法人並沒有因此停止出貨。表 4-5-1 是 2012 年 8 月 1 日法說會當時剛公布的大戶持倉比：

表 4-5-1 宏達電史上最大的大戶單月減持

日期	少於1	1~5	5~10	10~15	15~20	20~30	30~40	40~50	50~100	100~200	200~400	400~600	600~800	800~1000	大於1000張
20100104	0.39	9.02	3.25	1.60	1.06	1.41	0.91	0.74	2.38	3.21	4.38	3.43	3.25	2.99	61.71
20100201	0.38	9.47	3.33	1.72	1.07	1.34	1.02	0.69	2.29	3.19	4.53	3.57	3.06	2.76	61.51
20100301	0.39	9.86	3.44	1.72	1.20	1.40	1.07	0.74	2.11	3.26	3.95	3.47	2.57	2.95	61.80
20100401	0.39	8.41	2.96	1.56	1.04	1.30	0.96	0.65	2.25	3.32	4.16	3.71	2.65	2.88	63.68
20100503	0.38	6.93	2.54	1.37	0.93	1.20	0.85	0.66	2.22	3.87	4.33	3.81	2.31	3.79	64.72
20100601	0.38	5.99	2.32	1.13	0.83	1.09	0.88	0.68	2.27	4.26	4.49	4.53	3.58	3.09	64.40
20100701	0.37	5.89	2.24	1.14	0.76	1.11	0.82	0.66	2.36	4.13	4.74	4.66	3.38	2.81	64.85
20100802	0.37	4.16	1.61	0.83	0.65	0.89	0.77	0.67	2.42	4.35	5.44	4.54	4.13	1.87	67.25
20100901	0.48	3.41	1.45	0.89	0.58	0.88	0.73	0.67	2.54	4.29	5.58	4.07	3.88	2.97	67.51
20101001	0.40	2.93	1.24	0.73	0.56	0.85	0.73	0.62	2.67	4.26	5.87	4.45	3.43	3.69	67.48
20101101	0.38	3.18	1.30	0.79	0.60	0.88	0.81	0.65	2.75	4.42	5.51	4.54	3.48	2.96	67.66
20101201	0.36	2.49	1.08	0.72	0.57	0.82	0.75	0.69	2.80	4.45	5.40	4.68	3.17	2.87	69.09
20110103	0.33	2.40	1.06	0.67	0.55	0.82	0.71	0.74	2.87	4.51	5.36	4.51	2.94	2.74	69.71
20110201	0.32	2.37	1.04	0.67	0.52	0.86	0.85	0.70	2.89	4.06	6.14	4.38	2.65	3.28	69.20
20110301	0.31	2.22	1.02	0.67	0.54	0.84	0.87	0.73	2.87	4.25	6.05	4.27	3.38	2.52	69.38
20110401	0.29	1.98	0.90	0.63	0.51	0.88	0.84	0.65	2.83	4.37	5.64	5.08	2.61	2.22	70.48
20110503	0.27	1.75	0.85	0.58	0.51	0.87	0.89	0.64	2.86	4.56	6.00	4.65	2.45	2.57	70.48
20110601	0.26	2.02	0.89	0.58	0.55	0.93	0.84	0.71	3.05	4.57	5.79	4.90	2.79	1.64	70.43
20110701	0.25	2.62	1.03	0.65	0.56	0.98	0.92	0.70	3.17	4.50	5.60	5.02	2.46	2.51	68.96
20110801	0.25	3.22	1.15	0.76	0.58	1.07	0.88	0.71	3.20	4.67	5.33	4.56	3.32	2.11	68.11
20110901	0.40	3.78	1.40	0.89	0.66	1.10	0.84	0.79	3.22	4.22	5.72	4.38	2.89	1.88	67.76
20111003	0.38	4.54	1.56	0.91	0.69	1.11	0.91	0.70	3.19	4.33	5.58	4.09	2.97	2.26	66.70
20111101	0.38	4.64	1.61	0.93	0.66	1.12	0.87	0.79	3.10	4.51	4.94	4.90	2.88	2.19	66.39
20111201	0.38	6.85	2.14	1.09	0.74	1.16	0.94	0.75	2.81	4.17	4.31	4.29	2.31	1.74	66.25
20120102	0.39	7.14	2.22	1.11	0.77	1.16	0.84	0.78	2.72	3.90	4.33	4.36	2.37	0.93	66.90
20120201	0.40	7.12	2.26	1.15	0.73	1.12	0.90	0.75	2.65	4.08	3.94	3.91	2.97	1.28	66.68
20120301	0.39	5.89	1.88	0.97	0.70	1.03	0.81	0.71	2.67	4.11	4.22	3.75	3.23	1.78	67.80
20120402	0.38	6.25	1.96	0.98	0.75	1.05	0.81	0.70	2.73	3.96	4.64	3.19	2.64	2.12	67.76
20120502	0.40	7.92	2.35	1.18	0.77	1.12	0.81	0.64	2.38	3.64	4.22	3.49	2.23	1.78	67.00
20120601	0.41	8.91	2.64	1.26	0.84	1.18	0.79	0.69	2.37	3.56	4.08	3.24	2.70	1.48	65.79
20120702	0.43	10.68	3.15	1.40	0.95	1.26	0.82	0.69	2.23	3.18	3.45	2.68	2.27	2.02	64.72
20120801	0.48	14.12	4.17	1.77	1.25	1.40	0.91	0.81	2.24	3.26	3.30	2.29	2.65	2.72	59.54

（此為向下減持部位）

　　千張以上的公司派大戶，還是用老招：趁法說會財報下修前出貨，而且還是史上最大量的單月減持瘋狂出貨。高達 4 萬張的籌碼從主力跑到散戶手中，即便以 270 元計算，單單 7 月就殺出了 108 億的籌碼。

　　面對公司派倒貨，外資法人當然不會在 240 元加碼。表 4-5-2 為當時外資的持股變動：

表 4-5-2　公司派倒貨，外資法人仍持續出貨

| 日期 | 全體外資 | | | | |
	買進張數	賣出張數	買賣超張數	持有張數	持股率%
08/07	723	2,762	-2,039	352,683	41.39
08/06	456	2,079	-1,614	354,722	41.63
08/03	561	2,864	-2,303	356,337	41.82
08/01	749	1,428	-680	358,364	42.05
07/31	3,241	1,405	1,836	358,904	42.12
07/30	350	711	-361	356,638	41.85
07/27	2,341	1,070	1,271	356,949	41.89
07/26	1,274	1,221	53	355,769	41.75
07/25	719	2,016	-1,297	355,567	41.73
07/24	377	1,623	-1,246	356,712	41.86
07/23	636	3,921	-3,285	357,737	41.98
07/20	811	542	269	359,566	42.20
07/19	884	1,058	-174	358,878	42.11
07/18	1,226	2,909	-1,683	358,352	42.05

　　看到這裡，相信你已經很清楚宏達電的未來了。那麼宏達電的底部究竟在哪裡？請看以下另一個例子。

大買不漲有無利多，要看大戶賞不賞臉

　　曾經是千元股王的紅茶店，在不斷破底後，2012 年 8 月又發布了一項財務操作：大手筆在 290 元至 140 元的區間實施庫藏股。股價也因此受到鼓勵，一口氣爆出了一年以來的大量，強拉一根漲停板回應。

　　2013 年 8 月 5 日這波大股東買進時機，究竟是不是底部、是否可以投資買點，同樣可以從「宏達電的大股東籌碼軌跡」得知一二。

　　很多人當時看到這根長紅，便躍躍欲試想猜低點、抓反轉。但別

忘了：**高價股追價，就是觀察主要控盤者是否進場。**以下是當時筆者對宏達電底部的看法。

2012 年 6 月宏達電 288 元時，王雪紅自掏腰包以 18 億護盤，但宏達電並沒有因此止跌。因為即使有公司派買盤，大戶還是不賞臉。而且這 18 億整體大戶仍是淨流出，並沒有發揮實質的效用，股價最後還是慘跌到 232 元。

當初王雪紅是自掏腰包，後來宏達電卻是用「公司資金」護盤，大戶的持股比例觀察就更重要了。如果公司的現金只用來買回大股東手中「較低價格」的持股，等於是「利用公司的現金給大咖出貨」的變向掏空，那宏達電就會是下一個千元變 10 元的威盛傳奇了！

長線看大股東動向，短線看外資動作

在圖 4-5-7 的 7 月持股變動裡，可看出這波的下跌，完全是大股東動的手腳，狂倒了兩年來最大的出貨量。投資人應該如何防守進攻呢？

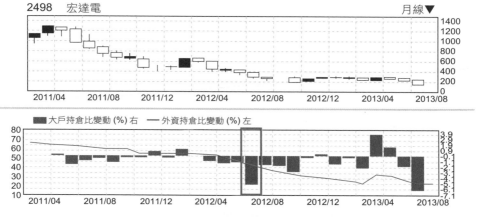

圖 4-5-7　2013 年 7 月是宏達電大股東兩年來最大的出貨點

1. 長線投資人：

　　長線投資人千萬不可在此時賭宏達電下個月就會反轉，應等到 9 月再觀察庫藏股的執行程度、大股東動向，確定大戶是否真有誠意買回；等大戶回籠後，再考慮是否進場布局。

2. 短線投資人：

　　短線投資人可以觀察另一個關鍵法人「外資」的動向。從圖 4-5-8 可以看出：雖然 2013 年 8 月 5 日宏達電股價大漲，但外資並沒有進場，反而藉機出貨。而 2013 年 8 月 6 日逼近這波庫藏股執行價格最低點 140 元時，外資卻有低接的態勢。

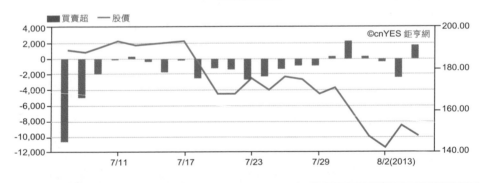

日期	全體外資					尚可投資張數	發行張數
	買進張數	賣出張數	買賣超張數	持有張數	持股率 %		
08/06	4,531	2,865	1,666	187,035	21.95	665,018	852,052
08/05	5,142	7,530	-2,388	190,983	22.41	661,069	852,052

圖 4-5-8　外資對於庫藏股區的操作

如果外資低檔防守的態勢不變，公司派與外資都同心一致的話，有耐心不追高，利用短線的乖離超跌，就可以抓到宏達電的底部。若外資低接的趨勢改變，也不要逆勢而行，應該都可以明哲保身。

然而外資低接後，大股東隨之買進，是否表示宏達電的底部到了呢？外資先以期貨低檔空單回補布局開始，接著在權值與高價股點火，迎來了本波強勢反彈。無論是 F- 晨星、大立光、聯發科，都有外資的布局與拉抬，唯獨曾是股王的宏達電，反彈至前波起跌點壓力區後，不斷調節持股。等到宏達電高層被收押的消息一出，2012 年 9 月 2 日更是直逼跌停。

外資低接不追高，大股東則按兵不動

能準確預測宏達電跌勢，並不是筆者有什麼內線消息，而是靠籌碼判讀的邏輯。

當時的盤面在 8 月 5 日庫藏股利多大漲後，外資並沒有追高，然而 8 月 6 日的盤面殺至平盤以下，價格卻收下影線[6]。以盤後數據來看，外資已是低接的態勢。（見圖 4-5-9）

如果切入短單在 8 月 8 日到 8 月 9 日，耐心不追高以平盤掛價，應該可以買在 148 元至 150 元的區間。不論是碰到上檔壓力區 160 元去調節持股，或遲至 8 月 14 日盤後，才發現外資翻空，都可以出在 155 元至 158 元區間，賺點短單乖離的錢。

---

6 在 K 線圖中，從實體向下延伸的細線，就叫下影線。帶有下影線的 K 線形態，分為帶下影線的陽線、帶下影線的陰線和十字星。在陽線中，它是當日開盤價與最低價之差；在陰線中，它是當日收盤價與最低價之差。

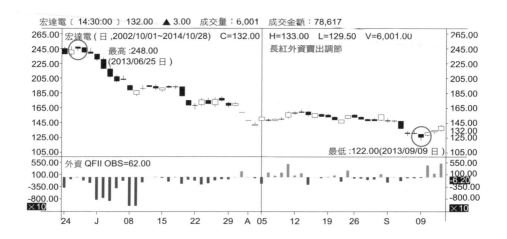

圖 4-5-9　外資低進高出區間調節，早已預測到

　　至於 8 月下旬已不見有連續兩天外資的低檔買超，所以，中長線的確應該空手靜待 9 月初大股東數據表態，就不至於在 9 月 2 日的「設計總監收押利空大跌」中受傷了。

　　從圖 4-5-10 中可看出：月初大股東持股變化公布後，整個 8 月大股東幾乎沒什麼動作；這些大戶一定知道會「發生」這種大利空，所以沒有跟隨公司的庫藏股措施買進持股，而是靜待檢調機關動作後再說。

　　不過，明知有利空，但「使用公司資金護盤，趁機變向掏空」一事並沒有發生，讓投資人比較安心。在這樣的利空確實反應後，低檔應該有限。

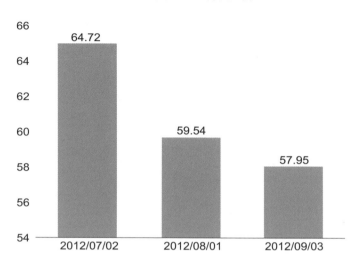

■ 宏達電大股東持股比例

圖 4-5-10　宏達電的大股東，整個 8 月幾乎沒有什麼動作

如果真的想切入，需注意兩個籌碼上的大前提：

1. 逼近庫藏股最低執行的 140 元價位時，法人必須如同之前的情況一樣有所防守。

2. 進入訴訟程序後，大股東必須一如往常地持股，甚至要低檔低接，否則恐有不利股價的事件發生。

在以上兩個前提成立的情況下，應該還有些乖離的豆腐可吃，但操作難度可能會高於 8 月 7 日。

最後在 2014 年 4 月 5 日，其實宏達電已經重回 150 元的關卡，自 2012 年 9 月以來的低點，隨著大股東停止殺出，也沒有再破低。雖然

由於其產業結構的改變，與上檔的層層套牢反壓下，宏達電已經沒有能力再回千元之列。

　　如果你夠熟悉台股領先指標「籌碼」，只要能判斷關鍵法人與主力的動向，不敢說會大賺特賺，但趨吉避凶並不是難事。至少在這波宏達電千元到百元的下殺中，一定可以領先避禍。

4-6 庫藏股可以買嗎？看籌碼就知道！

除了利用外資的籌碼來判讀股票趨勢之外，部分電子權值重大的利多利空到底實不實在、可不可信？是假消息還是真消息？這方面外資的動向也是極佳的短線進出依據。以下以一則聯電庫藏股新聞，教大家更深一層的籌碼分析應用。

公司派買庫藏股，不代表有護盤的誠意

有些企業在手中有現金、看好公司未來營運狀況時，會在股價低檔時買進自家公司的股票，成為庫藏股。此時，一般投資人多半認為：「公司派自己都買股票了，我再怎麼做，也不可能是最後一隻老鼠，後勢股價應該偏多。」

但真正的解讀新聞，不是只聽記者的片面報導，或聽從各家名師的高見，真正重要的是「解讀數據」。2013 年 3 月 14 日媒體發布的聯電新聞，指出聯電買回 20 萬張庫藏股護盤，就是一例。

聯電是外資掌握度極高的電子權指股，在 2013 年第一季底的董事會，宣布買回 20 萬股庫藏股。消息一出，聯電股價應聲跳空開高大漲 6％，可以說是非常大的波動，也是當天台股大盤過高拉回的過程中，最強的撐盤要角。然而，強勢跳空的背後，其實充滿了各種隱憂。

發布新聞當天收盤價 11.1 元，聯電宣布庫藏股的買回價格區間，僅約為當時股價的 64％ 至 150％。從絕對的數據中，往往找不出數據的重要性。但與另一則開發金的庫藏股新聞相比，就可以看出聯電的

庫藏股到底有沒有誠意。

開發金曾於 2012 年 11 月 26 日，宣布買回 20 萬張庫藏股；當天開發金收盤價為 6.89 元，買回價格區間定為 100％至 145％。

也就是說，開發金買回庫藏股的所有買進價，都是在當時的平盤以上，買進手法對於股價就會有支撐作用。這就是所謂的「有沒有護盤的誠意」。

相較之下，聯電價格區間選在 7.8 元至 16.9 元，實在有欺騙大眾之嫌。如同今天筆者說：「要買台股，區間是在 5,500 點到 10,000 點之間。」相信大家應該不會太認真看待。

千張大戶的動向，可用來檢驗庫藏股的動機

看完了新聞的數據，接著自然要看外資與大股東籌碼的動向。在台股市場的眾多上市股票中，聯電集團一直以善於「併購」、「轉投資」與「發股票」等各種財務操作聞名。不管是哪一種「財務操作」，都會讓某些既得利益者得到好處；要如此操作，公司派就必須對自家股價的波動瞭若指掌，這也代表：相關法人籌碼的動向具備了可觀的價值。

春江水暖鴨先知，聯電決定買回庫藏股數量，先不論價格沒有誠意，這個決定絕對不是當天才下的。那麼大戶主力事前對此的看法又是如何呢？

由圖 4-6-1 可以得知：千張以上的大戶從 2012 年 8 月，就開始一路減持手中持股，超過整整兩季。這顯然不是有實質重大利多發布前，善於「財務操作」的高層會有的相應動作。

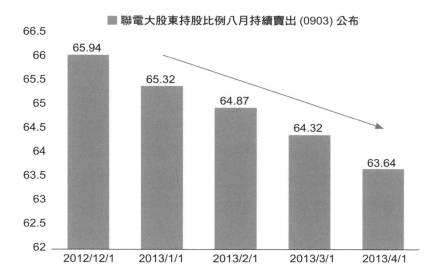

圖 4-6-1 持續破底的聯電大股東持倉

外資是關鍵法人，他們不買帳的股票你敢買嗎？

大戶不買帳，買回價格不偏多，對於電子權值有重大影響力的專業外資法人，其相應動作又是如何呢？表 4-6-1 即為專業外資法人的相關動向：

表 4-6-1 聯電利多前，三大法人持續殺出

近一個月三大法人買賣超總表

日期	外資	投信	自營商	合計
03/13	-8,761	-13	435	-8,339
03/12	-11,444	-20	571	-10,893
03/11	-2,806	-10	1453	-3,269
03/08	-3,346	-3,026	365	-6,007
03/07	-2,994	2,047	-473	-1,418
03/06	509	0	-122	387

　　由表 4-6-1 可以發現：除了偏向散戶的投信以外，在 3 月 14 日新聞發布前，外資法人並不買聯電的帳，即便當時同為半導體產業的台積電並不偏多，也沒有相關的比價買單進場。

　　在新聞內容中，大股東與外資法人都不偏多的情況下，聯電竟然可以成為領頭強勢股，以接近漲停 6% 開出。面對「不合理」的價量，合理的空方籌碼結構，跳空大漲開出後，也就是當月聯電股價的最高點，一口氣引發賣壓收黑，法人殺出，實在是一點都不奇怪。

　　如果你看懂了，相信不管是短線的短沖，還是中長線的部位調整，都能有一定的優勢，對於「關鍵法人」的判讀，應該也能更上一層樓。

　　以上的例子印證了：對大股東專注本業、技術力值得投資的電子股來說，外資往往具有關鍵影響力。但並不是每支股票都這麼單純好操作，而外資也不是絕對的關鍵控盤者，多方法人廝殺競逐才是常態。要洞悉盤勢，避免成為戰場上的羔羊，深入了解每個法人背後的操作邏輯，才是當務之急。

外資重點速記

由於外資資本非常龐大，所以選股時，多以流動性佳的電子權值股為主要標的。部位機動性不強，每日進出台股的數據雖極為龐大，但所占市值比重不高；整體以中長線波段獲利為主，順勢加碼、逆勢避險，期、現貨同步操作，對於電子權值股有重要影響，籌碼分析上須注意其動向。

第**5**章

修道先修心，心態才是坎

5-1 頻率、風險與報酬並存的難題

　　每位顧客心中都有三個願望：又快、又好、又便宜。可惜這三個願望裡，只能選擇其中兩個。想要又快又好，相對就會愈貴；想要又好又便宜，就得大排長龍等待；想要又便宜又快，通常設計品質就不會太好。

　　要又好、又快、又便宜三者皆備，筆者想也只有用精美的騙術、虛偽的包裝，才有可能成真。不是嗎？今年全台接連幾場的食安風暴，演繹的正是這個道理。條條大路通羅馬，投資策略領域也一樣，投資人心目中的理想策略永遠都是：風險小、操作頻率高、預期報酬高。最好有天天做、把把贏、每把賺很大的完美策略，可惜天底下很難有這種好事。

　　投資真正困難的是：對自我的認知。要操作高報酬、低風險的策略，就必須禁得起市場的誘惑，接受「明明看對卻因價格沒來而沒做到」的懊悔；要做高頻、低報酬的策略（例如當沖），必須忍受較低勝率、一時的手氣不順，以長期投資獲得穩定的報酬；若嫌報酬不夠，而濫用槓桿融資重倉交易，則必須承擔風險升高、被殺出市場的可能。

　　但事實上，頻率、報酬、風險這個策略的象限中，只要能掌握兩個面向，大概就能在市場上縱橫不倒了。

數據的顯著性才是觀察重點，而非數據本身

　　在談勝率與報酬之前，有個前提：要先知道策略結論有沒有意

義。以下舉例說明：2013 年 3 月大陸召開人大以及政協會議時，市場紛紛大張旗鼓宣揚盤勢有望走強，甚至出現上漲機率將近 60％的新聞報導。

一個朋友問筆者對此事件的看法：「你對大陸開兩會後，上漲機率接近 60％怎麼看？」當時筆者只回答：「6 成勝率的統計不太具討論價值。」

事實上，研究籌碼或盤面與後勢股價的關聯性時，常會聽到相關性不太強的統計結論。如果輕易相信這些結論，往往未見其利反受其害，**因為重要的是「相關性」與「顯著性」**，大多時候，數據都沒有什麼用。

比如外資小買小賣個 10 億，沒有什麼鑑別價值，但大買大賣個 200、300 億，往往就會有「顯著性」值得注意。而這些「顯著性」正是判斷股價合不合理的依據。

如果你覺得某個策略的操作邏輯沒有問題，卻只有 6 成左右的勝率，那就把條件設得更嚴格一點，以提升策略的品質與勝率；如果還是不行，那可能就是你的策略依據有問題了。

例如，有個策略原來是「只要大股東買就跟著買」，後來改成「只在大股東大量買進時才進場」，一定會比原來策略的勝率高。如果以上兩個策略的勝率或股價，沒有呈現這樣的關係，那麼很可能就是：這支股票的大股東並非影響股價的主要作手，或有更深一層的道理你還沒想通。

這也是筆者經常提到的「顯著性」，或用「爆量」來區別數據的原因。當然，策略分析的眉角還很多，有時不是數據無用，而是解讀數

據的技巧不足，找不出數據背後的意義；有時是分類或相對性數據沒有處理好，例如，把振幅的計算改為百分比，或利用籌碼來區隔盤勢等等。但只要假設正確，在分類後的區間尋找規律，都能提升策略品質。

快多賺的交易模式，只能三選二

一旦確認過策略依據沒有問題，進場勝率就由自己選擇了。舉例而言，若只想下 9 成勝率的重注，以便翻身，可以挑選關鍵法人大買，盤面又拉回時進場。但這就要耐得住寂寞，非必取不出眾，非全勝不交兵。

如果你喜歡整天在市場衝殺，那也可以不管價格，只要關鍵法人買就跟著買、賣就跟著賣。只是勝率不高，投注資金就要少一點。想下重注、出手次數又要多的話，就只能祈禱策略不要造成連續的重大虧損了。

這樣歸類起來，一個策略，經過資金與風險的調整後，就會有以下三種交易模式：

模式 1 「高報酬－低風險」。這種想不出手則已，一出手大把賺的策略，就必須耐心等好的點位時機再出手。例如等台股到 4,000 點時才買進，基本一定贏，但是要等很久。

模式 2 「高頻率－低風險」。這種想常常賺取便當錢的操作方式，須以短打狙擊為主，所以每把獲利勢必有限。

模式 3 「高頻率－高報酬」。這種想在短時間快速致富的投機法則，必須放寬條件，拉大資金槓桿，進行極高風險重倉交易操作。

　　以上三種交易模式，在投資的三個象限中任選兩種，都能在市場賺取應得的機會財。但要找到「天天做、一直贏、把把大賺」的夢幻策略，那是不可能的！奉勸各位還是早日認清市場現實，切莫抱持不切實際的幻想。其實交易並不困難，但要懂得取捨，找出適合自己的策略，重複觀察、執行、檢討三個步驟，最終定能享受獲利的果實。

5-2 適合自己的，才是不倒的聖杯策略！

　　「該獲利出場了嗎？」「該調整策略方向了嗎？」「都虧損了，還要堅持執行策略嗎？」「賺錢了，可以加大投入規模嗎？」「應該繼續投資嗎？還是要換標的操作呢？」在執行投資策略的過程，以及盤勢的起起浮浮中，這些問題會不斷地困擾投資人，磨練投資人的心性，最後動搖投資的原始初衷，開始非理性的操作。

　　但隨著自己在投資市場的成長，投資人會逐漸體認到：**投資最重要的決定是「與自己相處」，而不是在策略上不斷尋覓、鑽牛角尖的精益求精。**投資最大的敵人，一直都是自己的劣根性。如何跟自己的貪心與恐懼相處，找到「或許不是最好、卻是執行最順手」的策略，才是投資路上真正的難題。

確實執行策略，才有可能獲利

　　艾瑞克是筆者前陣子在台中創業育成中心研討策略時，認識的愛交易團隊成員之一。當時他剛結合價量、時序與選擇權籌碼，開發出了一個賣方價差策略，在過去三年的回測中，勝率高達了 95％。

　　此外，風險報酬比大約在 1：4，若不考量風險，這幾年的投入資金報酬率高達 270％。即便考量到策略本身的風險，使用兩成資金運作，年獲利也可以超過 27％，最大虧損可以壓在總資金 15％ 以內（即投入的資金一年大約可以獲利一倍，但在操作期間，最多會有 7 成的虧損。因此，為了控制風險，以兩成資金做為運作評估）。

實際上，這個策略測試半年後，結果都按照預期的結果獲利。相關的區間判斷手法也納入筆者的投資決策中，但筆者並不認為艾瑞克的投資之路，會從此一帆風順。

在市場上闖盪多年，筆者發現「投資」其實跟「創業」很像。愈容易入門的行業，愈是充滿競爭，且隱含著表面上看不出來的眉角。而「投資」恰恰是一種入門門檻最低的創業模式，但它面對的競爭與殘酷，絕不亞於任何一種創業。

好的產品、好的設計不見得一定會成功。以製造業來說，可能還需要良好的物流系統、可以快速反應的交期、可以配合穩定出貨的工廠、一定程度的優質行銷。甚至推出的時機、環境，都是重要的考量。否則商品本身再好、顧客再滿意，也不一定保證成功。

適合自己心性的策略，就是好策略！

在投資市場，空有好策略是不夠的。沒有考量自身的財務規劃，策略再好也是空談。沒有市場變遷的應對能力，埋頭研究策略，只會看著策略失效、資金血本無歸。因為，不懂得**「與自己相處」**，根本不可能獲利，策略也不可能被執行。

好策略之所以能被執行並獲利，是因為：執行者可以完美地重現策略。而這個執行者往往就是你自己。可惜江山易改，本性難移，人就是很難改善自身的缺點。直到真正進入市場廝殺後，才會發現：要執行一個不適合自己心性的策略，實在太困難了。

經過幾年的不適與掙扎，最後妥協找到適合你的策略時，回頭檢視你當初進市場時的策略，也許仍在獲利，但你執行的版本已經更動

許多，甚至面目全非了。此時你在意的，就不只是「策略優劣」了。

過了好一陣子，艾瑞克的策略仍處於獲利狀態，可惜因為前兩個月的獲利，貪心放大了部位，又因槓桿太大導致心性不穩，面對一波急跌，憤然將手中的部位出清，沒有等到策略原始的出場點，結果沒有獲利。

這樣的故事不只艾瑞克，幾乎每個筆者見過的投資人都有過類似的經驗。市場上的自我調整與資金控管，才是真正值得探討的議題。

好策略不是唯一的勝利關鍵；一個普通的策略，若能配合穩定的標的選擇、無虞的配套資金，以及最最重要的「一顆無礙執行的心」，也可以安全獲利。讓你在發生最大虧損時，不會憤然殺出；操作區間不會太短，讓你心煩意亂，也不會太長，讓你對盤勢毫無感覺，無論連續獲利或連續虧損，你都能以平常心看待。

虧損的大小、周期的長短、勝率的多寡、適合的區間，每個人都不一樣，唯有傾聽自己的心性，找到可以執行無礙的策略，才是在市場生存的聖杯。因此，在專注策略開發與選股的同時，更要花時間認識自己究竟適合什麼。

5-3 機會來了，該下多少錢一搏？

　　讀過前面幾章關於籌碼分析的陳述，對照最近的股價走勢，相信你已經發現：只要掌握籌碼賽局，要在台股獲利不是難事。不過，投資有時真正難的並不是判斷，而是「資金的控管」。

　　筆者常接到類似以下的來信：「請問卡大，明天 2×××這個點進場，30 萬可以嗎？」「請問想追空的話，以 40 萬一口大台做為建倉資金可以嗎？」這類問題缺乏整體風險的規劃，非常難以回答，因為投資的規劃與細節，才是投資真正的重點。

　　下注投資前，用心找尋「關鍵控盤者」，並在關鍵進貨量出現時進場，要抓個 7、8 成勝率，實在不是難事。不過，吃藥先求不傷身體，再求療效。同樣的，操作股票看到獲利機會時，也要先評估自己有多少資金，再求可以賺多賺少。

　　勝率高、看得準，都不代表什麼，把把都獲利，一把就破產的凹單客，市場上比比皆是。可惜投資新手往往只將注意力放在下注的評估因子，缺乏對「整體資金控管」的規劃。

要做好資金控管，先找出商品波動性

　　資金控管的精髓就是：要在合理的「風險」下進行操作。而「風險」代表：整體資金被殺出市場的機率。要正確評估出這些風險，就必須考慮你所操作商品的波動性，才能知道它對整體資金的影響。

　　切記！絕對不能用固定的金額投資股票或期貨，而要用總資金多

少的百分比去衡量。所以別問「以 20 萬元進場合不合理」，因為對千萬富翁來說，20 萬可能太少，但對剛出社會、家無恆產的新鮮人來說，20 萬可能是全部家當。

比較好的方式是：用總資金去評估。如此一來，對千萬富翁來說，20 萬變成了資金的 2%；對社會新鮮人來說，20 萬就變成了 100%。這樣就很容易估算商品的風險，評估千萬富翁與社會新鮮人「殺出市場」的可能性。

有槓桿的商品，要小心商品波動被放大

投資股票期貨、台指期、權證時要特別注意：有槓桿的商品，會放大這些商品本身的波動。例如用融資做股票，本來一根漲停板，會讓你漲 21%，也就是有 3 倍左右的放大波動；此時所下的 20% 資金，其實等同於 60% 的資金。

以槓桿比較大的台指期來說，8,000 點的價值大約是 160 萬，如果你的總資金只有 40 萬，只做一口，就等於你投入 400% 的資金壓滿股票，大盤漲跌 1% 80 點，總資金會浮動 4%。

所以，你在 8,000 點時，用 40 萬資金操作一口台指期的合約，並非只用了 8 萬 3 千的保證金，而是紮紮實實用了 160 萬的資金槓桿，把最大虧損的可能性，放大了 4 倍以上。

其餘衍生性金融商品，如股票期貨、權證，在討論風險時，也必須還原為合約原始價值。如此一來，在風險控管上，才會有相對的基礎，可以評估合理的策略。

好策略值得下大注，但要下多大呢？

了解商品本身的槓桿波動性後，還要評估：選定時機進場時，被「殺出市場」的可能有多大？也就是：連續執行這個策略後，總資金被斷頭的機率有多大？此時不能只考慮單次虧損，而要考慮「連續虧損」的狀況，否則金額會下得太大。

另外，不建議只用策略過去實行時所產生的連續最大資金虧損，來評估可投入的資金，因為回測的最大虧損，不能代表未來的真實狀況。可能只是這段時間運氣好，策略剛好都成立，而大賺小賠罷了；換句話說，這幾年只是「剛好」沒有連續賠五把，並不代表沒有連續賠五把的機率。人不是神，投資只能盡可能地掌握已知的變數，面對市場的變幻莫測，還是要有一定的謙卑。

即便是勝率高達 9 成勝率的策略，還是有 1 個百分比的機率會連輸兩把。所以，把勝率估進去，再評估策略穩定度、勝率、虧損與最大持倉虧損，以計算「被殺出市場的機率」。最簡單的計算方法是：**每次都出現最大虧損的話，以現在的資金，可以承受輸幾次，然後再計算策略過往的勝率，以及發生斷頭的可能性。**

舉例來說：某策略的勝率有 7 成，最大虧損為 1 成，假設只能承受 2 成的虧損，如果用 1 倍的槓桿去下注，只要連輸兩把，就會造成 2 成的虧損；而連輸兩把的機率大約為 0.3×0.3，約莫 1 成；也就是說，這個策略可能有 1 成的機率會輸掉 2 成的資金，超過可以接受的程度。

如果你不能接受這麼高的風險，那麼只要調整下注資金，比如只下一半的部位，最大虧損相對減少，風險也隨之下降。這是個不錯的客觀評估風險的模式，也是筆者一向評估風險的方式。

在這樣的評估下，投入的資金多，會讓風險以指數型態上升。這也是為什麼提升策略品質，永遠比放大資金賺錢來得重要。

圖 5-3-1 是筆者的一個台指期籌碼跟單的策略，在不同資金槓桿（Y 軸）下的風險係數（即連續執行策略被斷頭的機率）。由圖 5-3-1 可以看出，雖然增加 6 倍的資金，獲利也能增加 6 倍，但「被殺出市場」的風險卻上升超過 1,000 倍。風險與報酬完全不成比例，這也是重倉交易不可行的原因。

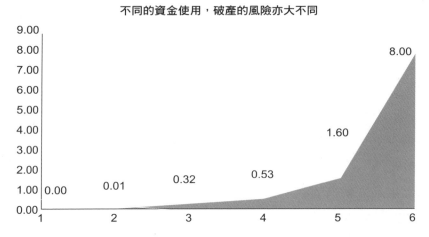

不同的資金使用，破產的風險亦大不同

圖 5-3-1　卡方斯指數自營籌碼策略風險圖，投入資金加大，風險也隨指數上升

真正要在市場上長期獲勝，絕不是單純看得準而已，因為數據分析並不困難，但懂得適度評估勝率，在勝率高的時候放大部位、勝率低的時候小量試單，才是投資人的真功夫。

5-4 贏要衝、輸要縮，策略也要汰弱留強

　　牌桌上有句經典名言：「贏要衝，輸要縮。」其道理在於：藉由勝率可以判斷對手的牌技如何，如果牌技不佳，可加大注碼，以增加獲利；而勝率不順時，也可成為「天仙局」[7]即將來臨的預警，讓你及早抽身，不至於傾家蕩產。

　　而資金控管與投資決策的配套，也是一樣的道理。投資最可怕的地方在於：太順之後轉變而來的逆景，會讓人急於擺脫失敗，拚命想要翻本，於是注碼愈下愈重。

　　然而，任何投資策略都可能因時空背景的轉換而失效。不斷沉溺於過去的輝煌，一心想取得那些**「本來屬於自己的財富」**，而忽略虧損的事實，很容易發生傾家蕩產的憾事。要避免悲劇的發生，就要「動態衡量」策略勝率與期望值，再調整下注資金的比例，達到「贏要衝，輸要縮」的目的。

正確的資金控管怎麼做？

　　要能精確估算手中策略的風險，並且計算相應的投資資金，才能調整投注的比例；一個無法說明資金控管與勝率權衡的策略，就沒有實戰價值！正確衡量風險，設定相應的資金配套，才是市場長期生存的重要法則。

----

7 天衣無縫的詐騙布局，被騙者於受害後也不知自己被騙。

先找出合理的期望值

以下用一個簡單的例子，復習一下傳統期望值的計算法。假設以下有兩個賭局——

A賭局：有90％機率可以賺 1，000 元；10％的機率賠 900 元

B賭局：有 10％的機率可以賺 10，000 元，90％的機率賠 100 元

計算每次交易的合理期望報酬的概念如下——

A賭局的期望值為：（$0.9 \times 1，000 - 0.1 \times 900$）＝ 810 元

B賭局的期望值為：（$0.1 \times 10，000 - 0.9 \times 100$）＝ 910 元

傳統教育告訴我們，應該選擇期望值較大的 B 賭局，才能符合自身利益。不過，這個假設是建立在「可以一直玩這個遊戲」的前提下，長期下來，每把報酬會趨近於期望值，且不考慮「不能執行的風險」。

假設你身上只有 900 元，在 A、B 賭局中，「一毛錢都沒賺」直接輸到破產的機率，各是多少呢？

A賭局：一把就輸 900 元，所以只要輸一把就會破產，其發生機率為 10％。

B賭局：一把只輸 100 元，要連續輸 9 把，才會「一毛都沒賺到」直接破產。

B 賭局的輸率為 9 成，連續輸 9 次的機率為 0.9 的 9 次方，也就是 0.38，大約是 3 成 8，接近 4 成的機率。換句話說，如果只有 900 元，就有將近 4 成的機率，會「一毛都沒賺到」地被殺出市場。

這樣的風險一般人多半不能接受，只有累積一定資本後，才能選

擇 B 賭局，或「降低每把投注金額」。

訂出可接受風險，再決定資金投入比例

以上例子就很貼近實際投資的狀況，策略要如預期獲利，絕對離不開可投入資金的計算。由於每一次的交易，都跟下一次不同，就算你這一次擲銅板輸，下一次的勝率也不會變，沒有「勝率 1/2，輸了第二把，勝率就變成 1/4」這種事。

所以每次投入資金前，都要思考「連續虧損下，手上資金可以承受的限度」這個問題。之後會虧成什麼樣子、會不會影響到生活、能不能再執行既定策略，甚至會不會被斷頭、保證金回補、傾家蕩產等等，都是投資可能產生的危機。控制這些危機發生的機率，就是所謂的「風險控管」。

在交易場上，真實策略可以是：A 策略有 90％勝率，賺 10％，有10％機率會賠 9 成；B 策略則有 10％的機率賺 100％，90％的機率賠 1成（只要將一個簡單的多空策略，改為選擇權買賣方，就能產生這種顯著差距）。

而市場上所謂的「風險」，其實就是資金低於可承受水位發生的機率，不論是自有資金被斷頭追繳的風險，還是公司法人自營部操作的虧損規範，你可以承受的資金最低水位，絕對有一定限度。

現實交易中，必須訂出自己能接受的風險水位與相應機率，然後調整資金的大小，以控制策略的風險。在相同的風險準則下，衡量策略的好壞與修改的正確性。以下是筆者比較常使用的控管模式：**用「2成資金虧損機率不超過 5%」這個條件，去評估策略的可投入資金。**

以此例來說，A 策略有 10％的機率會賠 9 成，單筆最大虧損太大，所以只能用 2 成左右的資金投資。投入的資金有 10％的機率會虧損 9 成，大約是整體資金的 9％左右，得連輸兩把，才可能造成 2 成的資金虧損。但這個機率大體上低於 5％（連輸兩次，0.1 的 2 次方為 0.01，也就是大約 1％的機率）。

對筆者來說，由於 A 策略只能投入 1 成資金，在原始期望值只有 8.1％的情況下，8.1％（策略期望值）×10％（可投入資金）＝ 0.81％（實際期望獲利）雖然 B 策略每把最大虧損只有 10％，但如果投入 100％的資金，只要虧損兩次，就只剩 80％的資金了。

而 B 策略的勝率只有 1 成，發生兩次虧損的機率高達 8 成 1（即連續兩次 9 成的輸率），遠高於筆者可以接受的 5％，所以必須減碼為：20％資金虧損的機率小於 5％。

以此例而言，連輸 30 把的機率約為 4.2％（0.9 的 30 次方，也就是：每次虧 1 成，連虧 30 次的機率為 4.2％）。而連輸 30 把後，資金還有 80％，因此要控制每把虧損不得超過 0.66％。

也就是說，每一把只能投入 6.6％的資金運作 B 策略（6.6％虧損 10％，為 0.66％）。在這樣的情況下，B 策略的真實期望值就遠低於 A 策略了——

9.1％（策略期望值）×6.6％（可投入資金）＝ 0.54％（實際期望獲利）

因此，在這兩個策略中，筆者還是會選看起來「賺比較少」、「期望值比較低」，但勝率高跟風險較低的 A 策略。

若不考慮風險與可投入資金，討論策略好壞或參數調整都是空

談。在實際的金融交易上，勝率與期望值都有一定程度的不確定性，除了出場虧損之外，持股虧損等變數，也都要納入考量，這就是市場老手如此在意「資金控管」的原因。

如果沒有一套風險控管的標準，連策略的修正檢討都會有問題。下次如果你又看到坊間販售的華麗策略回測績效時，不妨仔細衡量背後的風險，以及你資金可投入的比例，相信你會發現：有時候，這些華麗策略並沒有簡單策略來得好。

彈性調度總資金，才能多獲利少虧損

前文中曾提到：要鍛鍊紀律，一開始要用總體資金的「固定比例」來下注，不能用「固定金額」下注。相同的策略下，如果持續虧損，總資金減少，以整體風控規劃投資時，下的注自然就要減少。手風不順連輸時，得愈下愈少，才不會有「翻本借錢，一把破產」的遺憾。

如果策略得宜，長期贏面居高，造成總資金的放大，也能享受到投資最甜美的果實——愈賺愈多的指數型成長：複利。不過，一個策略的執行，不一定跟一開始回測的預期一樣，還是要做「動態資金管控」，才會比較實際。

強勢策略下大注，策略趨弱速減碼

一個策略產生後，不可能永遠符合當初的勝率、風險規劃。所以，永遠都用「總資金的 2 成下注」這個條件，也不符合邏輯；真正優質的資金控管，會定期檢視策略執行中的風險，以重新決定下注的

比例。

表現不好的策略，要因風險係數上升而減碼，表現好的策略，則可以成為手中主要獲利來源。如此一來，便可以在策略失效前，大幅降低投注比例，避免虧損的擴大，提升長期的報酬能力。

舉例而言，上面提到的 A 策略與 B 策略，如果過一段時間的觀察後，發現 A 策略的勝率下降到 8 成 5，而 B 策略的勝率卻上升到 1 成 5，是否就該重新思考資金要怎麼下？該下哪一個策略？如果把「A、B 策略」改成「A、B 股票」的話，該買 A 股票還是 B 股票呢？讀者可以試算看看，相信會對風險估計有更多的體悟。

不過，最好的投資狀態是：複數投資標的（例如不同股票）或複數策略，在強弱調整的過程中，整體的風險水位仍要一定，這樣既不違反整體資金衡量，也可以達到「汰弱留強」的目的。

說白話一點就是：有大量策略的程式交易者，要將最大比例的資金，投入手中最強勢的策略；即將失效的策略，則幾乎不挹注資金。但總資金發生危機的風險，要控制在同一個水平下，再調整持股與策略，這才是最好的動態權衡方式。

5-5 做得順，大賺更要戒慎恐懼！

　　有一天深夜，筆者收完盤剛平倉出來，一邊享受獲利的喜悅，一邊檢討各策略需要改進的地方。突然看到熟識的外匯交易手 C 君上線，準備開始他今天的交易。

　　C 君當了三年的全職外匯交易手，同時操作公司客戶資金與自有帳戶，當初進市場求的無非是財務自由。如今 C 君走過了任人宰割的新手時期，已慢慢抓到市場運行之道，進出場策略以及執行力也到了一定的火侯，卻又不到市場老手的境界。

C 君的第一個順景期

　　趁著空檔，我倆交流了一下彼此最近的交易情形。當晚我們倆的對話大致如下：

　　「我感覺自己離退休不遠了！」C 君說。

　　「怎麼說？」筆者問。

　　「經過長時間訓練，我覺得可以開始穩定獲利的操作了。」他說。

　　「聽起來你最近做得很順嘛，那成績如何？」基於對穩定獲利的好奇，筆者想了解 C 君為何有這樣的自信。

　　「這 3 個月雖然不是每把都贏，但自有倉位卻有 105％的獲利。」C 君得意回答。

　　「105％其實相當好，這中間大概交易幾把？下多大的槓桿呢？」筆者又問。

經過了一番討論，筆者大致明瞭了 C 君的倉位跟風控，他進出場也都有一定的依據。不過，接下來這個問題才是重點，筆者問道：

「你是不是打從進交易市場以來，沒有這麼長時間穩定獲利過？」

「對呀！終於可以到這個境界。感覺真的離退休不遠耶！」C 君充滿自信地回答。

聽到 C 君的回答，筆者不免莞爾。其實 C 君正處於交易手的第一個順景期，剛走過地獄般的新手交易期，看著周遭的人一一倒下，只剩下自己屹立不搖，並在三個月穩定獲利的背書下，產生了自信與優越感，對市場不再充滿敬畏。

在這種情況下，最容易犯的錯誤往往是：過於自信而盲目追加資金比例，然後在市場改變時，一口氣被打回原形。

第一個順景期的意義重大

在多變的市場中，3 個月並不算是一段長的時間。後來筆者跟 C 君分享了自己在第一個順景期的心境，那時也是筆者進市場的第三年，穩定獲利時間也正好是 3 個月，重注連贏 14 把，狂賺 690％獲利，自有資金翻漲了將近 8 倍。

當時筆者志得意滿，心想市場不過如此，接下來天下就任我縱橫了。但在一週短暫失利後，筆者無法相信自己會有失誤，完全忽略了市場的改變。當時筆者一股勁兒地不服輸，想下重注在下一把賺回來，結果短短兩周，筆者就把 690％的獲利又還給市場了。

如今回頭看當時的策略，雖然僅輸 2 把、贏了 14 把，損失與報酬的比例也很好，但相應的資金配套卻完全錯誤。例如，從 100 萬變成

200 萬，需獲利整整 100％，但從 200 萬輸回 100 萬，只要虧損 50％。

　　那段時間可說是筆者最低潮的時候，不同於新手期對於市場的不了解，第一次交易順景期結束後，筆者了解到自己性格的缺陷。知道自己進退失據，卻又無法挽回，這種無奈才是最痛苦難熬的。

　　更可怕的是：開始懷疑自己以往制定的策略與模式，想找出更好的聖筊，甚至是原來的反向策略，結果陷入更深的失敗深淵。從那時候起，筆者開始深入研究風險與資金控管、考量到風險，真正的好策略又該如何制訂等等。

　　就筆者的經歷與認知，一個交易手的養成，必須經過幾個順逆景交替的循環，才能逐步縮短虧損期，慢慢學習與自己的性格缺陷相處，最後找到屬於自己的交易模式。

　　也就是說，投資人的第一個順景期之後的逆景期，往往最難熬，隨著之後的操作，投資人會在順景期與逆景期交錯中成長，每一次的逆景期都會愈來愈短。分享完筆者的心路歷程，C 君似乎開始重新審視自己。後來 C 君排定了過年檢討沉潛之旅，看來市場仍有其魔力存在。筆者或許能縮短 C 君的學習曲線，但筆者想真正能教他的，還是殘酷的市場本身。

　　希望還在新手階段掙扎的投資人，可以早日破繭而出；處與順風順水的高手可以穩扎穩打、持續獲利，逆景期作單不順的老手可以早日度過低潮。

5-6 別再當投資跳蚤了，熟悉的商品就是好商品！

　　金融市場上的商品琳瑯滿目，但什麼商品和市場最好、如何選擇適合的操作標的，往往讓新手投資人備感困擾。而在高手林立的操盤圈中，筆者也常接到許多不同的「邀約」。

　　外匯高手 C 君曾問筆者：「台股感覺好難做，不像外滙比較符合統計，央行新聞影響也好評估，要不要一起來做外滙？」

　　剛認識的私募操盤手 A 君也跟筆者提過：「台股那個量能跟滑價，胃納量太小難做，有沒有興趣跟我一起做國外商品？」

　　其他如房地產、美股、滬深指數[8]之類的高手，也都試探過筆者，筆者的回答一律都是：「熟悉的商品就好做，不熟悉的商品就難做。」

　　文人相輕情結在交易市場上屢見不鮮。善於高頻交易者，覺得量大、手續費低廉的美股，或台指期才是值得投入的商品。以價量為主要操作依據的高手，喜歡長時間符合統計的外匯市場，配合良好的資金控管以獲利；私募基金操作手以大資金多策略交易為主，在乎的是標的的胃納量與穩定性；而善於數據分析建立決策的我，覺得籌碼資訊透明的台股最好做。

---

8 滬深 300 指數是根據流動性和市值規模，從滬深兩市中選取 300 支 A 股股票做為成分股，剔除了上市時間不足一季的股票（大市值股票可以有例外）、暫停上市股票、經營狀況異常或最近財務出現嚴重虧損的股票、市場價格波動異常明顯受操縱的股票、其他經專家委員會認為應剔除的股票。其樣本覆蓋了滬深市場六成左右的市值，極具市場代表性。

只要專精一招，就能笑傲金融市場

不同的商品有不同的特性，不同特質的人對於好商品往往有不同的見解。筆者不排斥投資人去試試各種商品，但真正會讓人獲利的，不在於商品好不好，而在於投資人有沒有真正熟悉該商品的操作邏輯與觀察要點。成功沒有捷徑，唯有用心花個一兩年時間，去了解商品的關鍵本質，才可能穩定獲利。

但筆者更常看到的是：許多投資人根本還沒摸清商品特性，只因短暫的失利、偶發的虧損，或是自身的瓶頸，就認為該商品不好，而改變了操作的標的。等到下一個商品失利，又怨東怨西地往「更好的市場」前進。於是從台股到基金，基金到外匯，外匯到期貨，期貨到美股，繞了一大圈，樣樣通樣樣鬆，徒然浪費時間與金錢，結果一事無成。

光是一個台股市場，只做單一市場的投資人，可以從半導體玩到 IC 設計，IC 設計玩到 Dram，Dram 玩到太陽能，太陽能玩到內需，內需玩到資產，資產玩到金融，最後玩到產業架構、類股的循環與籌碼動向都不熟悉，自然難以在市場獲利。

事實上，「不怕千招會，只怕一招精」。靜下心來花個一兩年，搞懂三、五支股票，一、兩種類股輪動，一年抓個兩、三次高勝率的標的出手，早就已經笑傲股市了。容易的事不做，淨做些跳來跳去難以累積實力的事，又是何苦來哉？

台股該熟悉的好商品是什麼？

台股的特點是：**淺碟、投機性高、電子股居多**。看起來似乎沒什

麼優點，但其實蘊含了許多獲利訣竅。

電子股為主的台股，由於產品日新月異，每年都有不少產業更替、循環套利的機會。要準確抓住這些脈動，必須熟悉產業，你可以抓幾個重要產業，細心研究上下游以及季節性因素，必會發現許多門道。因為智慧型手機爆發性成長而成為股王的宏達電，或因半導體製程微縮而崛起的台積電，就是很好的例子。

而台股雖然投機性高，導致短線股價容易有亂流，但台股的籌碼資料遠比其他市場的籌碼資料容易查詢。只要詳細分析籌碼，不難排除雜訊，進而發現投機趨勢與套利方式。這兩年的宏達電、過去幾年的鴻海，都充滿這樣的機會。而淺碟表示：新聞面與籌碼競合都很容易帶動盤勢，因此常會出現不合理的點位，提供投資人進場的時機。

如果你對於產業本質有所了解，可在大約的籌碼趨勢後，等待短線上的新聞不合理波動，找尋最佳的進場點。只要有耐心，台股市場真的不難賺。真正難的是對自己貪心與恐懼的控制。

熟悉的商品就是好商品，與其眾裡尋他千百度，不如反求諸己，看看自己是否真的對欲操作的商品有深入的了解，黃金往往就存在這些不起眼的努力中。不過，研究台股時，記得本書提到的分析原則，相信可以縮短你的學習曲線，配合資金控管，要在台股獲利絕不是難事！

5-7 創業精神，也許是你交易成功的最後一塊拼圖！

一個劃時代的革命正在展開，原本的依賴和舒適圈，轉為冒險和責任，只要一個小小的空間、不多的資本，就可以一步步邁向夢想，因為創業的時代已經來臨了！

自從 2008 年的金融海嘯後，台灣的就業市場出現了重大的改變。原本眾人口中的科技新貴，經歷了無薪假、某位政治人物所言之準諾貝爾題材的洗禮之後，開始對以為能夠一輩子打拼的台灣，產生懷疑及不信任感，不少身經百戰的、才華洋溢的工程師們賦閒在家，鬱鬱寡歡地看著充滿迷霧的未來。死皮賴臉留下來的，也無奈地賣著新鮮的肝臟和血液，忐忑領著從來不曾想像過的 22 K 低薪，緊緊抓住僅剩的一點尊嚴。

就在此時，一股違背著傳統儒家王道的思想浪潮，逐漸在這些菁英分子的心田萌芽：出來創業吧！雖然沒有五個大男孩、兩台破電腦和車庫的神奇創業故事發生，但還是有些歷經痛苦、煩躁、孤單等負面情緒後，綻發光芒的成功故事嶄露頭角。

由於筆者職業的關係，接觸到很多在家操作的自營商，有些績效表現亮眼的創業者，每天下午一到，就開著快艇徜徉整個北海岸，徐來的涼風伴隨詩意的台北夜景，就是一整天辛勞最佳的慰藉。當然也有不成功的金融創業者，但只要專心致志，一樣有機會成為明日之星，而掌握不到創業重點的人，就可能浮浮沉沉，誤入投資的魔道。

四大方法強化金融創業成功率

為了避免投資悲劇的發生，我們可以利用企業管理以及創業精神，來強化金融創業成功的機率。以下為四項執行方法：

方法 1　發揮熱情和執著的精神

為什麼要把「熱情和執著」放在第一點呢？因為創業家和一般受薪員工最大差異就在於「熱情」。而這樣的動能超越了一般等級，創業家會完全相信自己的創造和努力。如同台灣之光鼎泰豐的經營者楊紀華，雖然重點產品只是小籠包，但各項食材還有製作方式都以超乎想像的堅持來製作，讓鼎泰豐不僅僅是一家餐廳，更是台灣美食的重鎮。

而金融操作就像創業一般，利用自身對於市場的觀察以及各種財經知識，產生出完整的操作策略，再將操作策略放到市場上跑。如果市場買單，那這個操作策略就是成功的商品；反之，若操作績效連連虧損的話，這個操作策略就不是個好商品。

因此要成為一個成功的金融創業者，擬定交易策略就要像製作小籠包一樣，雖然平凡無華，但透過熱情與執著，解析產品的個個細節，找出策略的缺陷和盲點，讓操作策略逐漸完整，成功的交易人生也會隨之而來。

方法 2　控制自己的貪婪

一個成功的金融創業者不算是個正常的人。原本四肢腳在樹上攀爬的猴子，逐漸演化成用後肢站立的人類，貪婪又規避風險的矛盾習性，早已深深烙印在基因序列中。

　　何謂貪婪？好比說，奇美材董事長許文龍曾經描述過：獵人會把一個栓著鐵鍊的窄口玻璃罐裝滿香噴噴的花生，靜待活潑難搞的猴子下來覓食，等到猴子扒了兩口確定食物好吃無毒後，接下來猴子會把手塞進瓶口，貪婪地握緊剩餘的花生，等到要抽手時，卻發現手爪卡在瓶口拔不出來，左搖右晃進退兩難，又不捨放棄一些手爪中的花生，此時獵人就可輕鬆捕獲這隻貪婪的猴子了。

　　創業者也必須要面對自己的貪婪。市場上有太多一炮而紅的新商品，卻因過度擴張而崩毀。如果轉換到操作上，想想前幾年的唐鋒、2014 年的基亞等等墮入地獄的飆漲神話都演繹了：人性中絕對鑲嵌著「見獵心喜」的基因；但在交易市場，讓自己陷入這樣的狂亂，只是重演猴子卡瓶的悲劇而已。

方法 3　拒絕賭博誘惑

　　筆者的企業管理教授經常闡述：一個成功的創業家，必定具備冒險精神，明知非洲的人不穿鞋，還是很樂觀地帶著鞋子去賣，因為先行者的獲利報酬，永遠大於後續的跟隨者。有些人認為冒險精神僅限於形容成功者，失敗者則被認為賭性堅強，但兩者間實有很大的差異，關鍵就在「了解失敗的機率」。

　　筆者有個朋友不喜歡當別人的員工，因此辭職準備全心操盤。但好賭的他，下午時常和朋友打麻將、德州撲克，在熱情不足、過度貪婪的情況下，操作績效普普。為了逃避家人對於他操作虧損的指責，他將目標轉往公銀考試，卻不幸落榜，於是日復一日，年復一年，不斷自怨自艾，對未來更是惴惴不安。

賭性堅強的人，經常沒有想清楚自身的優勢、劣勢、機會和威脅，就盲目地投身操作市場，在沒有面對市場衝擊的準備下，又心猿意馬尋找藉口。但如果能精進自身策略的完整度，還是有機會擺脫虧損的惡性循環。

方法 4　培養團隊心態

看到這裡，相信很多讀者都很詫異，團隊心態應該只適用一般企業，在家裡當自營商最怕的就是吵，人多嘴雜意見不一，影響操作績效不說，搞不好研發已久的交易策略被偷學，那就得不償失了！

但老實說，在台灣的市場作操作中，你面對的交易對手，通常是中實戶、主力作手，甚至是投信、外資等大型操作者；他們通常都有研究團體支援，將取之不盡用之不竭的交易邏輯與想法，不停地灌輸給交易員。所以，不論總體經濟面、籌碼面、技術面，各種資訊包羅萬象，每次交易所承受的風險，也因此大大降低。

一般散戶交易者雖然無法養這麼多的研究員，但可以參加市面上許多免費或低價課程，藉此認識交易同好，彼此交換資訊以及研究方法，提點交易盲點和缺陷，必能帶給彼此極佳的良性循環。

台灣的交易市場已不像經濟起飛的 50 到 80 年代，套牢的股票只要耐心放著，就有漲回來的一天。在 21 世紀的今天，一個成功的交易者，必定是擁有比別人更多的創業家精神，了解自身的優勢與劣勢，找尋市場機會與規避威脅，盡可能量化所有操作細節，並抱持熱情、努力不懈，才有機會在金融市場中存活，並一步步邁向成功的道路。

5-8 分層透析交易線索，逃脫貧窮密室困局

你有沒有玩過「逃出密室」這類的網路小遊戲？這種遊戲設定：玩家因故被困在一個封閉的小房間裡。為了逃出斗室，必須持續觀察周遭動靜，結合看似無關的各式線索、暗號、謎題、小道具等等；若在限定的時間內，找到解謎的鑰匙，就可逃出生天，享受其他玩家的讚美。

筆者認為交易人生跟這種解謎遊戲有異曲同工之妙，遊戲的重點在於：享受推理的樂趣和破解任務的快感。而現實的市場操作也是如此，藉由市場上各種突發狀況，以邏輯推續歸納出原則，再藉由相同的原則獲利。一旦獲得超額的利潤，就等於縮短了困在貧窮密室的刑期，隨之而來的快感和成就感簡直無法形容！

生活現象也可以成為投資指標

除了技術面、基本面和籌碼面之外，有時周遭的生活現象也是破解市場遊戲的蛛絲馬跡，例如筆者很喜歡的一個指標：裙擺指標。

「裙擺指標」是美國經濟學家喬治・泰勒（George Taylor）於二〇年代初期發現的。他觀察到 1929 年股票市場崩盤前夕，女性裙擺長度持續縮短，為的是炫耀剛買的高級絲襪；股市崩盤後，女性裙擺長度則反轉增長，因為沒錢買奢侈品了，而社會氛圍也漸趨保守。雖然「裙擺指標」在後續的研究中，逐漸成為一種落後指標，但仍然可以提供一個觀察市場的方向。

另外還有一個很有趣的範例：智利海岸線往外海移動時，期貨

要做多黃豆還是做空黃豆？智利的漁業非常興盛，鰻魚是重點漁獲之一。如果當年度智利海岸線前進，海潮移往外海的話，鰻魚群聚棲息的區域，也會移到較遠的海域，不僅增加捕獲的難度，也會提高成本與風險，漁民追捕鰻魚的意願就會大幅降低。

由於漁獲數量銳減，供不應求，鰻魚價格因而水漲船高；而鰻魚也供給日本的牛隻食用。一旦鰻魚成本提高，牧場主人就會將牛隻的主食改為黃豆，進而提高黃豆的價格，因此應該做多黃豆。

拆解研究各層面策略，就能找出較高勝率者

從以上兩個範例可以看出：交易並不是像賭博一樣，只有大小或多空之分，如果能夠透析交易背後的本質，也可以很有概念地判斷盤面多空趨勢。筆者個人的操作習慣以「分層法」來分析，利用籌碼分析來判斷市場對基本面、經濟數據、消息面的解讀。

好比說，2011 年中，市場相當看好宏達電 HTC 的銷售狀況，宏達電的財報狀況也有不錯的表現。照理說，股價應該維持先前的正向走勢，延續多方格局。但從籌碼面解讀後卻發現：只要股價上揚，法人就做出賣超的反應。因此，可以確定手機市場的競爭會持續增強，進而影響宏達電後續的獲利能力，而宏達電後來的發展，也印證了這樣的邏輯。

若把操作當成解謎遊戲，仔細拆解基本面、籌碼面、消息面、技術面的分析策略，細細思量其中的結構和關聯，那交易勝率就不會跟賭大小一樣 50 比 50 了。只要歸納出勝率較高的那一邊，獲利狀態就會愈趨穩定，最終定能逃出貧窮困局密室，邁向財富自由的明天。

【籌碼分析實戰講座】抵用券

本書限定好康!如欲參加《i-Trade 愛交易》舉辦的實戰講座,使用本券可享報名費折抵100元優惠。

NT$ 100 抵用券

使用期限:
至2015/12/31止

使用說明:
※每張抵用券限單一活動場次使用,每人限用一張。
※注意事項與活動場次說明請見背面。

【籌碼分析實戰講座】抵用券

本書限定好康!如欲參加《i-Trade 愛交易》舉辦的實戰講座,使用本券可享報名費折抵100元優惠。

NT$ 100 抵用券

使用期限:
至2015/12/31止

使用說明:
※每張抵用券限單一活動場次使用,每人限用一張。
※注意事項與活動場次說明請見背面。

【籌碼分析實戰講座】抵用券

本書限定好康!如欲參加《i-Trade 愛交易》舉辦的實戰講座,使用本券可享報名費折抵100元優惠。

NT$ 100 抵用券

使用期限:
至2015/12/31止

使用說明:
※每張抵用券限單一活動場次使用,每人限用一張。
※注意事項與活動場次說明請見背面。

【籌碼分析實戰講座】抵用券

本書限定好康!如欲參加《i-Trade 愛交易》舉辦的實戰講座,使用本券可享報名費折抵100元優惠。

NT$ 100 抵用券

使用期限:
至2015/12/31止

使用說明:
※每張抵用券限單一活動場次使用,每人限用一張。
※注意事項與活動場次說明請見背面。

注意事項:

1.本抵用券限《i-Trade 愛交易》網站開設的投資分享講座活動報名使用，恕無法折抵其他任何優惠或項目。

2.本券限單人及單一場次使用，且每人限用一張不得累積多張一次使用。

3.本券影印塗改皆無效，且不得找零或兌換現金。

4.主辦單位《i-Trade 愛交易》保有一切活動更改、修正之權利。

5.為確保活動權益，講座活動場次及説明，請掃描活動 QR Code

　或輸入網址 http://goo.gl/Rh6xFh 至活動頁或高寶書版粉絲團查詢。

活動 QR Code

注意事項:

1.本抵用券限《i-Trade 愛交易》網站開設的投資分享講座活動報名使用，恕無法折抵其他任何優惠或項目。

2.本券限單人及單一場次使用，且每人限用一張不得累積多張一次使用。

3.本券影印塗改皆無效，且不得找零或兌換現金。

4.主辦單位《i-Trade 愛交易》保有一切活動更改、修正之權利。

5.為確保活動權益，講座活動場次及説明，請掃描活動 QR Code

　或輸入網址 http://goo.gl/Rh6xFh 至活動頁或高寶書版粉絲團查詢。

活動 QR Code

注意事項:

1.本抵用券限《i-Trade 愛交易》網站開設的投資分享講座活動報名使用，恕無法折抵其他任何優惠或項目。

2.本券限單人及單一場次使用，且每人限用一張不得累積多張一次使用。

3.本券影印塗改皆無效，且不得找零或兌換現金。

4.主辦單位《i-Trade 愛交易》保有一切活動更改、修正之權利。

5.為確保活動權益，講座活動場次及説明，請掃描活動 QR Code

　或輸入網址 http://goo.gl/Rh6xFh 至活動頁或高寶書版粉絲團查詢。

活動 QR Code

注意事項:

1.本抵用券限《i-Trade 愛交易》網站開設的投資分享講座活動報名使用，恕無法折抵其他任何優惠或項目。

2.本券限單人及單一場次使用，且每人限用一張不得累積多張一次使用。

3.本券影印塗改皆無效，且不得找零或兌換現金。

4.主辦單位《i-Trade 愛交易》保有一切活動更改、修正之權利。

5.為確保活動權益，講座活動場次及説明，請掃描活動 QR Code

　或輸入網址 http://goo.gl/Rh6xFh 至活動頁或高寶書版粉絲團查詢。

活動 QR Code

高寶書版集團
gobooks.com.tw

RI 284

追蹤籌碼找飆股：90%勝率的台股操盤工具！

作　　者	卡方斯、牟宗堯	
書系主編	陳翠蘭	
編　　輯	葉惟禎	
特約編輯	齊世芳	
排　　版	趙小芳	
美術編輯	林政嘉	
企　　畫	陳宏瑄	
出　　版	英屬維京群島商高寶國際有限公司台灣分公司	
	Global Group Holdings, Ltd.	
地　　址	台北市內湖區洲子街88號3樓	
網　　址	gobooks.com.tw	
電　　話	（02）27992788	
電　　郵	readers@gobooks.com.tw（讀者服務部）	
	pr@gobooks.com.tw（公關諮詢部）	
傳　　真	出版部（02）27990909　行銷部（02）27993088	
郵政劃撥	19394552	
戶　　名	英屬維京群島商高寶國際有限公司台灣分公司	
發　　行	希代多媒體書版股份有限公司/Printed in Taiwan	
初版日期	2015年1月	

國家圖書館出版品預行編目（CIP）資料

追蹤籌碼找飆股：90%勝率的台股操盤工具！
/卡方斯、牟宗堯著 . -- 初版. -- 臺北市：
高寶國際出版：希代多媒體發行, 2015.1
　　面；　公分 . --（致富館；RI 284）
ISBN 978-986-361-060-1（平裝）

1.證券投資　2.投資技術　3.投資分析

563.53　　　　　　　　　　　103015949